명상, 수업에 날개를 달다

명상, 수업에 날개를 달다

초 판 1쇄 2024년 01월 18일

지은이 신계숙
펴낸이 류종렬

펴낸곳 미다스북스
본부장 임종익
편집장 이다경
책임진행 김가영, 박유진, 윤가희, 이예나, 안채원, 김요섭, 임인영

등록 2001년 3월 21일 제2001-000040호
주소 서울시 마포구 양화로 133 서교타워 711호
전화 02) 322-7802~3
팩스 02) 6007-1845
블로그 http://blog.naver.com/midasbooks
전자주소 midasbooks@hanmail.net
페이스북 https://www.facebook.com/midasbooks425
인스타그램 https://www.instagram/midasbooks

ISBN 979-11-6910-452-4 03370

값 19,000원

미다스북스는 다음세대에게 필요한 지혜와 교양을 생각합니다.

아이를 행복으로 안내하는 명상 프로그램 워크북

명상, 수업에 날개를 달다

신계숙 지음

미다스북스

1장 학급경영, 왜 명상인가?

2장 아이들과 명상을 그리다

3장 학급경영 명상이 답이다

4장 선생님과 함께하는 슬기로운 명상 생활

실습 워크북

들어가는 글

선생님이 학부모의 민원에 시달리다 못해 자살하는 일들이 벌어지기 시작했다. 누구의 도움도 받지 못한 선생님은 어떻게 할 수가 없어서 죽음을 선택했다. 교권이 무너지고 분노한 선생님들이 시청광장으로 모여들었다. 그때 나는 23년간 몸담았던 교직을 퇴직했다. 퇴직하자마자 제일 먼저 학부모에게 하고 싶은 말이 많아서 『부모와 아이가 함께하는 슬기로운 명상 생활』을 집필하게 되었다. 어떻게 보면 너무나 사회적으로 필요한 시기에 책이 출간되었는지도 모른다.

어느 날 교감 선생님께서 선생님들을 위한 명상 책이 있으면 좋지 않겠느냐는 말씀을 하셨다. 그래도 23년을 교사로 있었는데 선생님들께 도움이 되는 책 한 권쯤 쓰고 가는 것이 좋겠다는 생각이 들어서 바로 집필을 시작했다. 나는 늦은 나이에 먼 길을 돌고 돌아 마흔에 초등학교 초임 발령을 받았다. 처음 교실에서 아이들과 함께 명상을 시작할 때 도움이 되는 책들을 찾아보았지만 바로 활용할 수 있는 책은 없었다. 그 고충을 누구보다 잘 알기에 23년 동안 직접 아이들과 함께 명상하면서 경험한 내용을 넣어 『명상, 수업에 날개를 달다』라는 두 번째 책을 쓰게 되었다. 책에는 선생님들이 명상을 잘 알지 못해도 수업할 수 있게끔 14회기 학습과정안, 실제 명상 진행 안내, 아이들 활동 예시 자료를 넣었다. 추가로 활동 소감을 더하여 명상 후기도 담았다. 거기에 언제든지 활용할 수 있는 명상 활동지를 부록으로 첨가하였다. 또한 선생님들이 가장 힘들어하는 생활지도, 인성 지도에 도움이 되는 자료를 추가하였고, 그 안에도 명상이 자연스럽게 스며들도록 썼다.

교대를 나오지 않은 준교사 출신인 내가 아이들과 너무도 행복한 시간을 보낸 것은 모두 명상 덕분이었다. 명상을 몰랐다면 나도 학부모, 아이들과의 소통이 어려웠을 것이다. 명상은 함께할 때 뇌파가 같아지기 때문에 많은 사람이 참여할수록 그 힘이 세어진다. 23년 동안 아이들과 함께 명상으로 공부하고, 인성 지도하고, 생활지도하며 재미있는 시간을 보냈다. 내가 만난 아이 중에 마음이 나쁜 아이는 한 명도 없었다. 마음이 아픈 아이가 있었을 뿐이다. 아이들은 마음에 공감받아 본 경험이 많지 않다. 선생님이 공감해 주고 마음을 알아주면 변화하기 시작했다. 아이들이 긍정적으로 변화하는 모습을 보고 얼마나 마음이 설레었는지 모른다.

명상은 과학적이다. 명상으로 뇌파가 잔잔하게 변화가 되면 아이들이 차분해지고 집중력도 올라가는 것은 너무도 당연한 결과이다. 학교에서 아이들은 많은 수업과 친구와의 갈등으로 긴장 속에서 산다. 따라서 뇌파는 빨라질 수밖에 없다. 또한 아이들은 질주 본능이 있어서 교실 문을 나가자마자 달리기 시작한다. 긴장하고 흥분된 상태에서는 학습도 인성 지도도 잘되지 않는다. 아이들이 어느 정도 명상에 익숙해지면 흥분되었을 때 '명상음악'을 틀어 놓으면 아이들은 스스로 명상하는 모습을 보인다. "조용히 해라!"라고 말할 필요가 없어진다. 아이들도 명상하면 뇌파가 잔잔하게 변한다는 사실을 다 알고 있기 때문이다. 아이들이 차분해지면 일단 아이들 간에 갈등이 줄어들게 된다. 친구 사이가 좋아지고 서로 배려하게 되어 학교생활이 행복해진다.

선생님이 자꾸 잔소리하게 되면 아이들은 그 말에 반응하지 않게 된다. 듣기 싫은 소리를 자꾸 듣는다고 인지하면 뇌의 듣는 부위를 담당하는 곳이 변형된다. 따라서 말을 점점 더 안 듣게 되는 악순환이 거듭된다. 마음을 알아주는 공감은 힘이 세다. 공감은 아이들의 잘못된 행동이나 말을 지지하는 것이 아니다. 일단 마음을 알아주고 그다음에 옳은 것과 그른 것을 가르치라는 것이다.

요즘은 학교에서 아이들의 잘못된 말과 행동을 제대로 훈육하지 못한다. 학부모들이 자녀를 몹시 아끼기에 기죽는다고 훈육하지 못하게 한다. 그럼, 학부모가 제대로 아이들을 훈육할까? 아니다. 제멋대로 자란 아이는 부모의 말도 귀담아듣지 않는다. 따라서 선생님, 학부모 모두 힘들어진다. 명상은 학부모, 아이들과 소통할 수 있게 만든다. 선생님에게 아이들과 명상하라고 권하고 싶다. 명상을 통해 선생님에게는 먼저 자신을 알아가는 통찰이 일어날 것이며, 아이들을 객관적으로 보는 눈이 생길 것이다.

오늘 내가 책을 쓰게 된 것은 오랜 시간 아이들과 함께 명상한 덕분이다. 아이들과 함께 명상하면서 제일 혜택을 본 사람은 선생님인 나다. 명상을 통해 삶이 행복해졌기 때문이다. 그동안 명상으로 함께한 아이들에게 고맙다고 이야기하고 싶다. 아이 중에 몇 명이나 지금도 명상하고 있는지 나는 모른다. 하지만 그중 몇 명이라도 명상하며 살고 있다면 성공했다고 생각한다. 명상하면 삶 자체가 달라지기 때문이다.

이 책은 선생님들뿐만 아니라 아이들을 만나는 다른 직업의 사람도 활용할 수 있게 자세하게 만들었다. 또한 개인적으로 명상하고 싶은 사람들에게도 쉽게 이해가 가도록 썼다. 많은 선생님과 아이가 이 책으로 행복해졌으면 좋겠다. 교실은 함께 명상하기 좋은 장소이다. 함께 행복해지기 쉬운 장소이다. 미루지 말고 오늘부터 명상하라. 명상은 명상하려고 알아차리는 순간부터 명상이니까.

2023년 12월 들꽃향기 신계숙

* 본 책의 사례에 들어가 있는 아이들 이름은 모두 가명입니다.

1장

학급경영, 왜 명상인가?

01 삼월이면 흔들리는 교사

지금 교육 현장은 혼란 속에 빠져 있다. 교사가 스스로 목숨을 끊는 일이 벌어지기 시작한 것이다. 많은 교사가 동료의 죽음을 보고 분노하며 시청광장에 모여들었다. 왜 희망이 보여야 할 교육 현장이 이렇게 되었을까? 사람들은 말한다. 공교육이 무너지고 있다고. 선생님이 아이들을 훈육하지 못하는 시대가 온 것이다. 아이들이 앞으로 살아가려면 분명히 더불어 살아가기 위한 배움이 필요하다. 선생님이 못하는 교육을 그럼 가정에서 할 수 있을까? 아니다. 맞벌이로 바쁘기도 하고, 귀하게 키운 아이들이다 보니 웬만한 것은 다 넘어가고 가르치지 않는다. 어떻게 해야 함께 살아갈 수 있는지 배우지 못한 아이들이 많기에, 그들이 학교에 와서 적응하지 못하고 갈등을 일으키는 것은 불을 보듯 뻔하다. 게다가 원래 갈등은 건강한 아이들 간에 일어날 수 있는 정상적인 현상이기도 하다. 갈등을 아이들끼리 잘 조정하는 방법을 가르친다면 충분히 아이들끼리도 서로 배려하고 해결할 수 있다. 하지만 다수의 부모가 아이의 일에 나서서 어른의 시각으로 문제를 해결하려 한다. 성장 과정에서 꼭 필요한 아이의 해결 경험을 뺏고 있다. 그것이 아이를 위한 일인지 생각해 봐야 하지 않을까?

교사가 3월에 제일 먼저 해야 할 일은 아이들과 소통하는 일이다. 3월에 아이들과 친밀감이 형성되면 1년을 아이들과 잘 지낼 수 있다. 3월부터 선생님에게 반항하는 아이도 들여다보면 다 사연이 있다. 그 마음에 공감해 주고 알아주면 아이는 몰라보게 달라진다. 경험적으로 봤을 때 학교에서 적응 못 하고 튀는 아이들은 거의 다 가정에 문제가 있었다. 그 문제가 무엇인지, 아이가 무엇을 원하는지 파악하는 일이 우선이다. 아이들과의 소통이 무엇보다 우선이다.

나는 마흔 살에 초등학교 초임 발령을 받았다. 아주 먼 길을 돌고 돌아 선생님이 되었다. 그때의 느낌은 그동안 나에게 맞지 않은 옷을 입고 있다가 나에게 딱 맞는 옷을 입은 느낌이었다. 우리 집은 8남매였다. 아버지가 일찍 돌아가셔서 대학 진학은 꿈도 꾸지 못했다. 일찌감치 상업학교를 나와 돈을 벌어야 했다. 적성에 맞지 않는 숫자를 다루는 일을 하는 것이 제일 힘들었다. 삶이 너무나 희망이 없어 보여 자살을 생각하기도 했다. 그때 만난 것이 마음을 통제할 수 있다는 명상이었다. 명상으로 선생님이 된 모습을 가슴에 상상하며 공부한 끝에 나는 선생님이 되었다. 교사가 되기 위해 외로운 독학을 얼마나 했는지 모른다. 내가 준교사

자격증 시험에 붙어서 순위 고사를 보고 발령을 받았을 때 나의 학벌은 상고를 나온 것이 전부였다.

초임 발령을 받아 6학년 담임이 되었다. 아이들의 맑은 눈동자를 보며 교단에 서서 얼마나 설레었는지 모른다. 하지만 동시에 긴장되기도 했다. 아이들을 가르쳐 본 경험이 별로 없었기 때문이다. 게다가 나는 6학년 생활지도가 어렵다는 것을 여기저기서 들어 알고 있었다. 그동안 어려움 속에서 명상하며 나를 찾은 경험이 있었기에 아이들에게 명상을 적용해 보기로 했다. 아이들과 만난 첫째 날, 난 아이들에게 명상을 왜 해야 하는지를 뇌와 함께 과학적으로 설명했다. 그날 아이들을 보고 깜짝 놀랐다. 이야기하는 동안 아이들은 한 명도 움직이지 않고 내 말을 집중하여 듣고 있었다. 아이들의 눈동자는 이미 '명상은 좋은 것이구나. 해보고 싶다.'라고 말하고 있었다.

그렇게 아이들과 왕초보 선생님의 명상이 시작되었다. 처음 아이들과 해 보는 명상의 효과는 놀라웠다. 거칠게 말하던 아이들이 차분해지기 시작했고, 아이들 간의 갈등도 몰라보게 줄어들게 되었다. 상상이 필요한 수업에 명상을 활용하니까 아이들은 시도 잘 쓰고 그림도 잘 그리게 됐다. 특히 순수한 감성으로 상상을 잘하던 아이들은 시를 잘 썼다. 처음에는 시를 못 쓴다고 빼던 아이들마저 어느새 왜 시를 안 쓰느냐고 물어볼 정도였다. 명상을 몰랐다면 나도 다른 선생님들처럼 학급경영이 매우 어려웠을 것이다.

23년을 담임하는 동안, 나와 만난 우리 반 아이들은 나와 함께 일 년을 명상하고 진급했다. 수업, 인성 지도, 생활지도 등 모든 학급경영에 명상을 활용했다. 명상 효과에 자극을 받은 나는 상담대학원에서 상담을 함께 공부하며 명상을 더욱 연구하였다. 마침내 학생들에게 활용할 수 있는 명상 집단프로그램으로 박사학위를 받았다.

오랜 시간 아이들을 가르치다 보니 제자가 많이 생기게 되었다. 첫 발령에서 만났던 남학생은 서울대에 갔다며 제일 먼저 나를 찾아 연락해 왔다. 선생님과 함께한 명상이 너무 도움이 되었다는 말도 빼놓지 않고 전했다. 중학교에 진급한 여학생의 어머니는 아이가 시험을 보기 전날, 방에서 명상하고 공부하는 모습을 보았다면서 고맙다고 편지를 써 보냈다. 길을 가다 만난 훤칠한 남학생은 자신이 수현이라고 말하며 아직도 명상을 아이들에게 하느냐고 물어보았다. 대학원에서 만난 남학생은 선생님과 함께 명상했던 명준이라며 지금은 역사학과에 다니고 있다며 환한 웃음을 보였다.

선생님은 물고기를 잡아 주는 사람이 아니라 물고기 잡는 방법을 알려주는 사람이다. 내가 23년간 아이들에게 명상을 가르친 것은 물고기 잡는 방법을 알려준 것이라고 생각한다. 그중 몇 명이라도 삶 속에서 명상이 도움이 되었다면 나는 만족한다. 성공한 가르침이었다고 생각한다.

3월이면 흔들리는 선생님들께 23년의 명상 노하우를 알려드리고자 한다. 3월이면 또 어떤 말썽꾸러기가 우리 반에 와서 나를 괴롭힐까 불안해하지 말길 바란다. '누가 와도 내가 품어줄게.' 하는 넉넉한 마음으로 걱정을 내려놓았으면 좋겠다. 선생님이 흔들리지 않고 중심을 잡아야 아이들도 흔들리지 않는다. 교사는 아이들만 바라보지 말고 '나'를 돌보는 일에도 열심히 해야 한다. 학생들에게도, 학부모에게도 당당한, 흔들리지 않는 교사가 되기를 바란다. 누구든지 할 수 있다. 명상, 이제부터 시작해 보자. 학급경영, 명상이 답이다.

02 뇌를 알아야 아이들이 바뀐다

명상이 뇌와 관련이 있다는 사실은 이제는 초등학생도 다 안다. 나는 3월 초 학기를 시작하기 전에 두 시간 정도 명상에 대해 오리엔테이션을 한다. 이것이 학급경영에서 제일 먼저 하는 기초작업이다. 아이들에게 뇌에 대해 과학적으로 설명하고 '왜 우리가 명상해야 하는지'에 대해 이해를 하는 시간을 가진다.

우리 뇌에서는 5가지의 뇌파가 나온다. 우리가 긴장하거나 불안을 느낄 때는 '베타파'라는 조금 빠른 뇌파가 나온다. 명상하면 베타파보다 조금 느린 '세타파'나 '알파파'가 나오게 된다. 알파파가 나오게 되면 심신이 안정되고 평온해진다. 세타파는 잠과 깨어 있는 사이의 상태에서 나오는 뇌파이다. 이때 '브레이크아웃'이라는 깨달음이 오기도 하고 창의성이 발현되기도 한다. 학교에서 아이들이 이리 뛰고 저리 뛰면 뇌파가 올라가 베타파 상태가 된다. 그 상태에서는 집중력도 학습도 잘 일어나지 않는다. 이때 눈을 감고 잠시 명상하면 서서히 뇌파가 안정 상태인 알파파로 변하게 된다. 명상 중인 아이들의 얼굴을 보면 뇌파가 잔잔해지는 것을 느낄 수 있다. 따라서 명상하고 수업하면 차분함이 집중력으로 이어져 학습이 잘 일어난다.

〈사람의 뇌파 분류〉

구 분	진동수(Hz)	상태	특징
델타(δ)	1~4Hz	수면 상태	느린 뇌파.
세타(θ)-명상 뇌파	4~8Hz	수면과 깨어 있는 사이의 상태	창의성이 발현되어 문제해결이 되는 '브레이크아웃(breakout)'이 명상 중 자주 나타남.
지구 주파수	7.83Hz	-	갓 태어난 아기의 뇌파와 같음. 명상 중에는 우주와 연결되어 안락하고 편안함을 느낌.
알파(α)-명상 뇌파	8~12Hz	안정, 긴장 이완	이완되고 마음이 편안함.
베타(β)	12~30Hz	걱정/불안/긴장 상태	생각이 많을 때, 스트레스를 받을 때 나타남. 일상적인 생활 뇌파.
감마(γ)	30~50Hz	깊은 주의집중 상태	명상 수련을 많이 한 고승들에게 관찰됨.

항상 아이들에게 뇌파를 설명할 때면 파도에 빗대어 설명한다. 비바람이 치는 바닷가에서 돌을 던지면 돌은 어디로 들어갔는지 보이지 않는다. 하지만 잔잔한 물에 돌을 던지면 퐁! 하고 들어가는 것이 보인다. 공부도 마찬가지이다. 잔잔한 뇌파일 때 공부하면 집중력이 좋아져 학습이 잘 일어난다. 아이들은 공부와 관련된 이야기를 해주면 두 눈이 반짝반짝 빛난다. 이는 부모가 항상 아이에게 공부 잘하라는 것을 강조하기 때문이다. 아이들은 부모를 만족시키는 일이 공부를 잘하는 것이라는 사실을 잘 알고 있다. 이렇게 3월부터 명상을 시작한다. 학습도 생활지도도 모두 명상으로 시작한다. 23년을 아이들과 함께하는 동안 한 번도 명상은 내 기대를 저버린 적이 없었다.

1950년경 독일의 물리학자 '윈프리드 오토 슈만'(Winfried Otto Schumann)은 지구에도 파동이 있을 것이라 예상하고 학생들과 함께 그 파동을 계산해 보기로 했다. 놀랍게도 지구에서 7.83Hz라는 주파수가 나오고 있다는 것을 발견하게 되었다. 지구 주파수는 명상의 뇌파와 닮아있다. 더욱 놀라운 것은 이 주파수가 갓 태어난 어린아이의 뇌파와 같다는 것이다. 우리가 태어날 때 편안한 상태로 지구와 연결되어 태어났다는 말이다. 하지만 살다 보니 빠르게 해야 하는 것도 많고, 긴장되는 일도 종종 있어서 우리의 뇌파는 점점 올라가게 되었을 것이다. 명상의 뇌파와 우주의 주파수가 닮아있다는 것은 굉장히 놀라운 사실이다. 이는 우리가 처음부터 우주와 연결이 되어 있었으며, 명상 중에 우주와 연결된다는 말이기도 하다.

요즘은 어린아이 때부터 해야 할 것들이 많다. 학교만 다니는 것이 아니라 학원도 다녀야 한다. 아이들은 한창 뛰어놀아야 하는 시간에 이 학원 저 학원을 전전하며 자라고 있다. 불안하고 긴장되어 행복할 시간이 없다. 그 긴장을 학교에서만이라도 잠시 풀어준다면 아이들의 삶이 조금은 행복해지지 않을까?

우리 뇌에는 감정을 관장하는 '편도체'라는 곳이 있다. 편도체는 바깥에서 들어오는 정보를 자신에게 긍정적인지 부정적인지 딱 두 가지로 판단한다. 부정적이라고 판단되면 바로 뇌와 몸에 스트레스 호르몬이라 불리는 '코르티솔'을 내보내도록 신호를 보낸다.

그런데 편도체에는 기억을 담당하는 '해마'라는 곳이 바로 붙어 있다. 편도체와 해마가 붙어 있다는 사실은 대단히 중요하다. 불안, 걱정, 수치심 같은 감정과 관련된 경험은 바로 '해마'에 입력되어 잊히지 않고 오래 기억된다. 아이가 불안하거나 상처받는 일이 계속된다면 편도체는 이 상황을 위험으로 받아들여 더 많은 코르티솔을 분비한다. 안타깝게도 '해마'의 표면은 코르티솔을 빨아들이는 수용체로 덮여있다. 해마가 해로운 물질로 이뤄진 코르티솔 호르몬을 계속 빨아들인다면 해마의 기억을 관장하는 기능은 떨어지게 된다.

이 과정을 통해 해마는 감정을 담당하는 편도체의 기능을 억제하지 못하게 되고, 뇌는 더 많은 코르티솔을 분비하라는 명령을 내리게 된다. 악순환이 일어나는 것이다. 스트레스 호르몬에 계속 노출된 해마는 쪼그라들어 변형이 일어날 수밖에 없다. 즉 기억도 상황 파악도 늦어지게 되어 현실에 잘 적응하지 못하는 현상이 나타나게 된다.

명상하다 보면 눈조차 감지 못할 정도로 불안한 아이들이 보인다. 불안하여 한시도 가만히 있지를 못한다. 그런 아이들은 학교에서도 대체로 뒤죽박죽인 생활 태도를 보이며, 불안한 마음이 생기면 친구들을 괴롭히며 이를 해결하려 든다. 그런 아이들에게 공부는 그리 중요하지 않다. 마음이 편안해야 무엇인가를 하려는 마음도 생길 것이다. 이미 그런 아이들의 뇌는 변형되어 제 기능을 하지 못하는 상태일 수도 있다.

1985년 뇌 과학자 '마리안 다이아몬드'(Marian Diamond)는 아인슈타인의 뇌를 연구하기 위해, 아인슈타인처럼 76세에 죽은 남성 11명의 뇌를 아인슈타인의 뇌와 비교해 보았다. 많은 사람이 아인슈타인 같은 천재의 뇌는 보통 사람보다 클 것이라 예상했지만, 아이러니하게도 아인슈타인의 뇌는 다른 보통 사람의 뇌보다 조금 작았다고 한다.

다만 차이점이 하나 있었다. 뇌의 하부 두정엽에는 심상으로 추론하고 생각하는 '부로드만 39번'이라 불리는 부분이 있다. 이곳은 종합 고등능력을 담당하는 부분인데, 아인슈타인은 다른 사람보다 이곳이 두꺼웠다고 한다. 살아 있을 때도 아인슈타인은 자신은 사물을 선명한 이미지로 떠올려 생각하는 것을 좋아한다고 했다. 즉, 뇌는 딱딱한 텍스트보다 선명한 이미지를 더 좋아한다는 말이다.

나는 명상할 때 아이들에게 선명한 이미지를 떠올려 오감으로 느껴보는 명상을 많이 시켰다. 우리가 상상으로 못 하는 것은 없다. 상상하면 순진한 우리의 뇌는 그것이 현실로 일어났다고 착각한다. 따라서 호르몬을 온몸으로 내보내게 된다. 싫은 사람은 생각만 하여도 긴장이 되고, 좋은 사람은 생각만 해도 미소가 저절로 나오는 것을 보면 알 수 있다. 우리의 뇌가 현실과 상상을 착각하는 것은 축복이다. 아이들과 상상으로 행복 명상을 많이 했다. 행복 명상을 할 때 아이들의 얼굴은 정말 행복해 보였다. 아이들이 행복해지면 눈빛부터 달라진다. 말씨부터 달라진다.

명상과 뇌를 알게 되면 아이들을 어떻게 대해야 하는지 알아차리게 된다. 따라서 아이들과의 관계가 좋아진다. 서로 마음을 여는 데 명상만큼 좋은 도구는 없다. 명상 중 뇌파가 서로 같아지게 되면 아이들과의 공감은 저절로 일어난다. 3월부터 아이의 뇌파가 긍정적으로 변화되는 명상을 시작하자.

03 아이와 싸우는 교사 VS 공감하는 교사

삼월이면 꼭 교사를 힘들게 하는 아이를 만나게 된다. 삼월 초부터 다른 아이들과 싸우는 것은 기본이고 거짓말은 눈도 깜짝 안 하고 잘한다. 친구와 다투면 자기는 하나도 잘못한 것이 없고 다 친구 탓만 한다. 계속 이야기해도 생활지도가 잘되지 않고 선생님과 아이의 관계만 나빠진다. 마치 선생님의 말이 안 들리는 아이처럼 행동한다. 이런 아이는 자신을 나무라는 말을 너무 많이 들어서 청각을 담당하는 뇌가 변형되었을 수도 있다. 선생님도 사람인데 훈육하다 보면 감정이 확! 올라올 때가 있다. 목소리가 높아지고 기분이 나빠질 때가 있다. 아이들끼리 싸웠는데 선생님과 아이가 싸우는 것처럼 보이는 경우가 종종 있다. 이럴 때 선생님은 아이를 잘 훈육하지 못하는 것 같아 자괴감이 들기도 한다.

아이를 훈육할 때 내 감정이 올라올 필요는 없다. 그런 아이들은 그동안 너무도 혼났기 때문에 선생님의 어떤 말에도 마음이 움직이지 않는다. 이미 마음은 상처투성이고 마음은 닫혀있다. 마음이 움직여야 변화가 오는데 마음은 굳어질 대로 굳어져 있다. 아이가 혼난다는 생각이 들지 않게 효과적으로 훈육하는 방법은 없을까?

나는 그런 아이를 조용한 곳으로 데려가 일대일로 상담해보기를 권한다. "선생님이 너의 말을 듣고 싶어서 데리고 왔어. 너의 말을 들어봐야 너를 더 잘 이해할 수 있을 것 같아서. 솔직하게 말해 주면 좋겠어."라고 운을 떼며 상담을 시작해 보라. 아이들은 선생님이 야단치지 않고 자신의 이야기를 들어준다고 하면 처음에는 의아해한다. 혼나는 데 익숙해져 있어서 고개를 갸웃거린다. 하지만 아이의 이야기를 들어주고 공감해주면 아이는 거짓말처럼 변화하기 시작한다. 자신의 이야기를 귀 기울여 들어주는 사람이 그동안 없었다는 말이다. 선생님과 아이 사이에 건강한 관계가 만들어지면 아이의 행동에 화가 나지 않게 된다. 냉정하게 들릴지 모르겠지만 아이가 함부로 행동하는 것은 그렇게 자라온 아이의 문제이지 교사의 잘못은 아니다. 다만 그런 아이를 잘 지도하기 위해 교사는 어떻게 해야 하는지 연구가 필요할 따름이다.

삼월에 처음 승우를 만났을 때가 기억난다. 승우는 희미하게 웃으면서 선생님인 나를 "아줌마!"라고 불렀다. 일부러 나를 자극하기 위해 그렇게 불렀던 것 같았다. 아이의 의도를 간파했으니 휘둘릴 필요가 없었다. "그래, 맞아. 아줌마야. 하지만 학교에서는 선생님이니까 선생님으로 불러줬으면 좋겠어."라고 담담하게 말했다. 학생의 반응에 일일이 감정이 올라가서 말할 필요는 없다. 학생은 학생, 나는 선생님이다. 학생의 감정을 내 감정으로 가져올 이유가 없다. 이렇게 마음속에 학생과 교사의 경계가 분명해지면 화내지 않고 정확하게 문제를 볼 수 있다.

승우는 고학년인데도 불구하고 자주 밥을 안 먹겠다고 심술을 피웠다. 이유는 명확했다. 밥을 먹지 않겠다고 하면 친구들과 선생님이 어떻게든지 자신에게 밥을 먹이려고 관심을 보인다는 것을 승우가 너무나도 잘 알고 있기 때문이었다. 하지만 나는 승우가 아침을 먹지 않고 오기 때문에 급식을 누구보다 기다린다는 것을 알고 있었다.

어느 날, 으레 그랬듯 승우가 친구들과 싸우고 밥을 먹지 않겠다고 씩씩거렸다. 그전까지는 어떻게든 어르고 달래어 밥을 먹였지만, 이젠 도통 통하지 않았다. 게다가 승우의 부정적 행동은 줄어들지 않고 계속 반복되고 있었다. 이제는 고쳐야 하겠다는 생각이 들어서 어머님께 전후 사정을 이야기했다. 그러고는 승우가 밥을 먹지 않겠다고 말하자 두 번 묻지 않고, 급식을 다 치워 버렸다. 심술이 나서 친구를 때리려는 승우의 손을 딱 잡고 삼십 분 넘게 훈육하며 실랑이를 벌였다. 지금 같으면 아마도 아동을 학대했다고 고소당했을지도 모른다. 하지만 잘못된 건 잘못된 것이라고 한번은 승우에게 확실하게 알려줄 필요가 있었다.

그런 일이 있고 나서 승우의 행동은 놀랍도록 변화되었다. 승우는 밥을 먹지 않겠다는 말을 다시는 하지 않았다. 새치기도 하지 않고 규칙을 잘 지켜 급식을 먹었다. 수업이 끝나면 빗자루를 들고 와서 선생님 자리는 졸업 때까지 자신이 책임지고 깨끗하게 청소하겠다고 말했다. 아이가 달라지기 시작하자 얼굴부터 편안해 보였다. 또한 다른 아이들과의 갈등도 확실하게 줄게 되었다. 승우는 그때쯤 학교에서 제공하는 음악치료를 받게 되었고, 효과는 당연히 좋았다. 승우와 나의 관계는 점점 소통이 잘 되는 좋은 관계로 발전이 되었다. 선생님은 아이들을 사랑으로 받아 줘야 하지만, 한편으로 잘못된 말과 행동은 잘못된 것임을 확실하게 훈육할 필요가 있다.

그때쯤 상담대학원에서 공부하면서 다른 사람의 감정을 나에게 가져오지 않는 경계를 배운 것이 매우 도움이 되었다. 다른 사람이 뭐라든 그건 그 사람의 문제이지 내 문제가 아니라는 것을 깨닫게 되었다. 아이들과의 관계도 마찬가지다. 객관적으로 보는 눈을 갖게 되니 아이들에게 소리를 높일 일이 없어졌다. 갈등이 있으면 중립을 지키며 각자의 잘못한 점을 서로에게 사과하도록 지도했다. 아이들은 나를 공정한 선생님이라고 생각했고 좋아하게 되었다. 또한 잘못했더라도 아이의 마음을 알아주는 공감을 먼저하고 훈육하게 되었다. 공감은 아이의 잘못한 행동을 지지하라는 말이 아니다. 잘못한 것은 잘못한 대로, 잘한 것은 잘한 대로 그대로 짚어주고 알아차리도록 하는 방법이다.

아이들과 함께 명상하면 뇌파가 같아지면서 공명이 잘 일어난다. 공명이 일어나면 소통은 저절로 이뤄진다. 좋은 에너지는 한 공간에 있으면 더 증폭된다. 한 사람의 에너지보다 여러 사람의 에너지가 모이면 더 큰 힘이 발휘된다는 말이다. 우리의 생각도 에너지다. 함께 명상하면 서로 행복해지는 것은 그냥 일어나는 일이 아니다. 처음에는 명상을 잘 못하던 아이들도 시간이 지나면 차분해지면서 명상을 알아간다. 또한 명상이 좋은 것은 학부모들도 다 알고 있다. 명상을 활용한 학부모 공개수업을 할 때마다 학부모들의 지지를 받았다. 수업에 명상이 활용되는 모습을 본 학부모들은 눈앞에서 일어나는 자녀의 변화에 모두 놀라워했다. 이렇게 자연적으로 학부모와의 관계도 좋아지게 된다. 학부모와의 친밀감이 형성되면 아이들끼리의 작은 갈등은 부모님들의 이해로 잘 해결된다. 학부모도 아이들도 편안해지는 것을 느낄 수 있다.

나는 아이들에게 소리를 지르는 교사인가? 아이들과 싸우는 교사인가? 생각해 봐야 한다. 마음을 알아준다는 것은 무척 힘이 있다. 가정에서 부모의 공감을 제대로 받지 못하는 아이일수록 행동이 거칠고 막무가내로 행동한다. 자신이 소중하다는 것을 느껴본 적이 없기 때문이다. 공감도 받아 본 아이가 할 줄 안다. 공감을 받아보면 친구에게도 공감하게 된다는 것이다. 공감은 기술이다. 연습하면 누구나 할 수 있다. 나는 공감을 할 줄 아는 교사인지 돌아보아야 하지 않을까? 훈육이 먼저가 아니라 공감이 먼저다. 학기가 시작되는 삼월부터 명상하라. 명상은 생각만큼 그렇게 어렵지 않다. 익숙해지면 우리의 일상이 명상이 될 수 있다는 점에 놀랄 것이다. 학급경영, 명상이 답이다. 지금부터 시작해 보자.

04 특별한 아이들이 모이는 교실

삼월에 새로운 아이들을 만나면 다양한 모습을 보게 된다. 아이들은 무엇과도 바꿀 수 없는 부모의 귀한 보석이다. 그 귀한 보석을 부모는 한 해 동안 나를 믿고 맡긴 것이다. 귀한 녀석들을 보면서 책임감이 느껴지기도 한다. 아이들을 가만히 들여다보면 너무도 신기하다. 어느 녀석은 책을 좋아하고 또 어떤 녀석은 그림 그리기를 좋아한다. 또 어떤 녀석은 노래 부르는 것을 좋아하고 또 다른 녀석은 기가 막히게 잘 논다. 만약 똑같은 아이들만 있다면 교실은 지루해서 하루도 못 견딜 것이다. 다행스럽게도 알록달록 다른 색의 아이들이 모이다 보니 교실은 활기차고 재미있을 수밖에 없다. 교실은 재미있는 곳이다. 나와 다른 친구들이 있어서 더불어 살아가는 방법을 배울 수 있는 곳이기도 하다. 배움이 일어날 수 있도록 조율하는 데 교사의 역할이 무엇보다 중요한 곳이기도 하다.

교실은 하루도 조용할 날이 없다. 갈등도 생기고 싸움도 일어난다. 갈등은 건강한 아이들이기 때문에 일어나는 현상이다. 자라온 환경과 생각이 달라서 일어나는 자연스러운 현상이다. 또한 서로를 알아가고 적응하기 위한 과정이다. 선생님이 삼월부터 아이들이 서로 갈등을 조정하는 방법을 알려주고 지도한다면 갈등은 큰 문제로 번지지 않을 수 있다. 아이들의 갈등 해결 과정을 지켜봐 주고 격려해 주는 것 또한 선생님의 역할이다.

요즘 교과서에는 게임이 많이 들어있다. 한 번은 아이들과 교과서에 있는 말판으로 주사위를 던져 도착 지점까지 빨리 가는 사람이 이기는 게임을 했다. 아이들은 가위, 바위, 보를 하며 즐겁게 게임을 했다. 그때 교실 한구석에서 한 아이가 울고 있었다. 왜 우느냐고 물어봤더니 게임을 두 번이나 졌다고 울먹였다. 그러면서 그 아이는 자기의 머리를 손으로 때리면서 "나는 죽어야 해! 게임도 못 하고."라고 말했다. 너무도 충격이었다. 왜 꼭 이겨야만 하느냐고, 그냥 재미있게 하면 안 되겠냐고 물었다. 아이는 "아니에요. 나는 꼭 이겨야 해요." 하며 계속 울부짖었다. 다수의 아이가 게임을 하면 흥분한다. 반칙을 써서라도 이기려고 기를 쓴다. 누가 이 아이들을 이토록 이기는 데 집착하게 했을까? 너무 안타까운 현상이었다.

학기 초에 새로운 환경에 적응되지 않아 주눅 들어있는 아이들에게 〈승가원의 태호〉라는 동영상을 보여주었다. 두 팔이 없고 발가락도 네 개인 태호가 발가락으로 밥을 먹고 글씨도 쓰는 것을 보고 아이들은 두 눈이 동그래졌다. 자신의 글씨를 들여다보는 아이도 있었다. 아이들의 눈높이로 볼 때, 말도 안 되는 모습인 태호가 발로 자신을 예쁘다고 쓰다듬는 모습을 보고 놀라지 않을 수 없었다. 모두 자신들의 눈앞에서 벌어지고 있는 믿기지 않는 태호의 당당한 행동에 눈을 떼지 못했다. 동영상을 보면서 아이들은 많은 생각을 하는 것 같았다. 아이들에게 너희들은 모두 능력이 있는 특별한 존재들이다. 존재 자체로 빛나는 아이들이라고 격려를 아끼지 않고 해주었다.

정말 아이들은 특별한 존재들이다. 무한한 가능성을 가진 게 아이들이다. 그 가능성을 어떻게 깨닫게 할지, 또 그 가능성을 어떻게 써내줄지, 그건 선생님과 부모가 고민해야 한다. 지금 보이는 아이의 행동이 그 아이의 전부는 아니다. 그 아이가 추구하는 가치도 아니다. 아이들은 자신에 대해 잘 모른다. 자신에게 일어나는 감정이 무엇인지도 잘 모른다. 명상의 기본은 알아차림이다. 아이들과 함께 명상하면서 자신들을 관찰하고 알아가는 시간을 일 년 내내 가졌다. 아이들은 순수하다. 받아들이는 것도 빠르다. 명상할 때 아이들의 얼굴을 보면 알 수 있다. 편안하고 차분해 보인다. 특별한 존재인 아이들이 좀 더 나은 자신을 찾아가도록 명상을 통해서 이끌어 주어야 한다.

아이들이 1년쯤 명상하고 다음 학년으로 진급할 때가 되면 많이 하는 말이 있다. “차분해졌어요.”, “행복해졌어요.”, “편안해졌어요.”, “화를 덜 내요.”, “마음이 깨끗해진 것 같아요.”라고 자신의 변화를 이야기한다. 명상 속에서 자신을 알아차리고 성숙해진 것이다. 그런 아이들을 보며 보람을 느끼게 된다. 명상은 어렵지 않다. 일상이 명상이다. 아이들과 함께 명상으로 한 해를 시작하라. 학급경영, 명상이 답이다.

05 교육은 텍스트가 전부가 아니다

학생 시절에 시험공부를 하면서 교과서 내용을 달달 외웠던 기억이 난다. 시험 보고 며칠 지나면 외웠던 내용이 하나도 생각이 안 나고 다 지워지곤 했다. 신기할 정도였다. 하기 싫은 공부를 의미도 잘 모르고 달달 외웠으니 뇌가 좋아했을 리 없다. 시험 보고 나서 '의미 없다.'라고 판단한 뇌가 외운 내용을 다 버렸기 때문이라는 사실을 명상 공부를 하면서 알게 되었다. 하지만 어렸을 적 산과 들을 뛰어다니면서 놀았던 기억은 머리에 그대로 남아 있다. 분홍색 진달래가 가득 피어 있던 산길이며, 아지랑이가 피어오르던 언덕 등, 어렸을 적 보았던 장면들은 세월이 흘러도 바래지 않고 생생하게 기억 속에 저장되어 있다. 우리 뇌는 선명한 이미지를 좋아한다. 특히 행복한 이미지를 좋아한다. 교육은 꼭 딱딱한 텍스트로 가르쳐야만 하는 것일까? 선명한 이미지로 보여줄 때 더 효과가 있지 않을까?

아인슈타인은 이미지로 바꿔서 생각하고 연구하는 것을 좋아했다고 한다. 우리 뇌는 딱딱한 텍스트보다 선명한 이미지를 더 좋아한다. 우리가 밤에 잠을 잘 때 90분은 깊은 잠을 자고 15분은 눈동자가 왔다 갔다 하는 'REM 수면'을 한다는 것은 다 아는 사실이다. 90분 깊은 잠을 자는 동안 뇌의 다른 곳은 모두 활동이 줄어들지만, 기억을 관장하는 '해마'는 이때 활동이 늘어난다. 또한 15분 동안 눈동자가 왔다 갔다 할 때 '해마'의 활동은 줄어든다. 그럼, 이때 뇌는 도대체 무엇을 하는 걸까? 정말 궁금해지지 않는가?

우리 뇌는 아침에 일어나면서부터 오감을 통해 들어오는 많은 정보를 처리한다. 하지만 너무 많은 정보가 한꺼번에 쏟아져 들어오기 때문에 다 처리하지 못한다. 과학자들의 연구에 의하면 잠을 잘 때 해마가 활동하는 90분 동안, 뇌는 낮에 임시 저장된 처리하지 못한 자료를 선별하기 시작한다. 뇌는 자료를 선택하여 단기 저장으로 넘길 것인지, 장기 저장으로 넘길 것인지, 아니면 버릴 것인지를 선별한다. 90분 동안 낮에 들어온 기억 중에 의미 있다고 판단되는 내용은 저장하고, 중요하지 않다고 생각되는 기억들을 버린다고 한다. 뇌는 버려야 공간이 생겨서 다음 날 또 많은 것을 받아들일 수 있기 때문이다. 잠을 자지 않으면 벼락치기로 공부해도 소용이 없다는 말은 과학적인 근거가 있는 말이었다.

그렇다면 우리가 잘 때 버려지는 기억들은 어떤 것들일까? 수업 중

집중하지 않고 대충 들었던 수업 내용이나 의미 없이 지나간 딱딱한 글자들, 그런 것이 아닐까 생각된다. 공부가 하기 싫은 아이들은 수업을 대충 듣기에 밤에 뇌가 기억을 다 버린다. 다음날이 되면 텅 빈 머리로 교실에 다시 앉아 있다. 이렇게 해서는 아무리 공부를 많이 한다고 해도 성적은 오르지 않을 것이다.

그렇다면 교사가 아이들에게 수업을 잘 기억하도록 가르치는 효과적인 방법은 없을까? 뇌가 좋아하는 것 중의 하나는 반복이다. 초등학교 2학년 때 구구단을 외운다. 처음에는 구구단이 외워지지 않아서 반복하여 외우고 또 외운다. 뇌는 자꾸 반복해서 외우니까 아주 중요한 것으로 받아들여 마침내 구구단을 장기기억으로 넘기게 된다. 어른이 된 다음 구구단을 생각하면서 외우는 사람은 없다. 그냥 입만 열면 나온다. 사람의 뇌는 참으로 놀랍지 않은가. 일단 장기기억으로 넘어간 기억은 그냥 언제 어디서든지 꺼내쓰면 된다.

그럼, 공부는 어떻게 해야 하는 것일까? 사람이 밖으로부터 받아들이는 정보 중에 시각 정보가 제일 많다고 한다. 일본의 심리학자 '다고 아키라'는 "시각은 오감의 왕이다."라고 말했다. 눈으로 들어오는 정보가 제일 많다는 것이다. 우리 뇌는 눈으로 보고 경험하는 현실과 상상으로 체험하는 것을 구분하지 못한다. 또한 뇌는 생생한 이미지를 좋아한다. 수업 중에 명확한 이미지로 학습하는 내용을 오래 기억한다는 말이다. 따라서 공부할 때 그림을 그리기도 하고, 중요한 부분을 형광펜으로 칠하기도 하고, 반복적으로 중얼거리기도 하면서 뇌에 '이것은 중요한 내용'이라고 자꾸 말을 걸어야 한다. 이때 상상하거나 그리는 선명한 이미지는 뇌가 오래 기억하기에 아주 좋은 자료이다. 텍스트도 중요하지만, 수업에 이미지를 많이 활용하라 말하고 싶다. 명상은 이미지의 상상이다. 상상을 잘하는 아이가 공부도 잘한다는 것을 알 수 있다. 수업에 명상을 활용하라. 놀라운 효과가 있을 것이다.

아이들은 학생들 앞에서 온몸을 사용하여 설명하는 선생님을 좋아한다. 하지만 다수의 교사가 말로만 설명하고는 아이들에게 무엇인가 하라고 던져주는 것을 좋아한다. 이는 자신의 경험 때문이다. 교사는 우수 집단이다. 상위권에서 공부를 잘하던 이들이었기에 잘하지 못하는 아이를 이해하지 못하는 것이다. 아이들의 눈높이에 맞춰서 생각해 보지 않으면 못하는 아이들을 보고 속이 답답해질 뿐이다.

나는 미술 수업을 할 때 명상을 많이 활용했다. 아이들이 그리고자 하는 장면을 명상하면서 극장 화면에 크게 떠올려보고 탐색하도록 했다. 그렇게 명상한 다음 책상 위에서 실제로 그려보는 활동을 한다. 아이들은 이미 생생하게 오감으로 탐색한 장면들이기에 만들기를 하든 그림을 그리든 간에 자신감을 느끼며 잘하게 된다.

현성이를 삼월 초에 만났을 때, 현성인 반항기가 가득한 아이였다. 수업 시간에도 이것저것 만지고 놀기만 할 뿐, 수업에는 흥미가 없어 보였다. 엄마가 장난감을 많이 사주는지 매일 매일 다른 장난감을 가지고 와서 놀았다. 한번은 다른 아이가 현성이가 게임 카드를 가지고 왔다며 뺏어서 나에게 가지고 왔다. 게임 카드는 학교에 가져오면 안 되는 물품이었기 때문이다. 현성이는 그걸 알면서도 친구를 쫓아 와서는 화를 냈다.

물론 현성이가 게임 카드를 학교에 가지고 온 건 잘못된 행동이다. 하지만 친구의 물건을 함부로 빼앗아 가지고 오는 행동도 좋지 않은 행동인 건 마찬가지다. 먼저 현성이의 카드를 뺏은 친구의 행동을 지도하게 되었다. 현성이는 나의 행동에 놀랐다. 내가 친구의 편을 들면서 자신을 혼낼 줄 알고 벌써 주눅이 들어 있었던것이다. 하지만 선생님이 자신보다 친구의 잘못된 점을 먼저 지도하는 것을 보자 놀라게 된 것이다.

난 현성이에게 "다른 친구들도 가지고 놀고 싶으니까 학교에 가지고 오지 않았으면 좋겠어."라고 친절하게 이야기했다. 순간 현성이는 눈물을 왈칵 쏟으면서 울었다. 그동안 많이 혼나고 상처를 입었을 현성이의 마음에 공감해 주고 지도하자 자기도 모르게 눈물이 쏟아진 것이다. 그런 일이 있고 난 후, 나와 현성이와의 관계는 몰라보게 좋아지게 되었다. 현성이가 마음을 여는 모습이 조금씩 보였다.

현성이는 미술에 소질이 있었다. 다만 성취감을 느껴보지 못하고 있었다. 못하면 비난받을까 봐 겁을 내고 있었다. 어느 미술 시간, 상상의 동물을 그리는 수업을 하게 되었다. 명상으로 극장의 화면을 떠올린 다음, 그곳에 상상의 동물을 떠올려보라 했다. 이를 오감으로 관찰시킨 뒤 도화지에 그리는 활동을 했다. 현성이는 용을 자신만의 방법으로 창의적으로 그리기 시작했다. 난 현성이에게 가까이 가서 잘하고 있다는 칭찬을 해준 다음, 어떤 색을 칠하면 더 생생할 것 같은지 함께 의견을 나누었다. 현성이는 조금의 팁을 주자 정말 놀라운 작품을 만들어 냈다. 칠판에 제일 먼저 현성이 작품이 떡하니 붙게 되었다. 아이들은 현성이를 한 번, 그림을 한 번 쳐다보며 놀라움을 금치 못했다. 현성이는 학기 내내 누구보다 명상으로 상상하고 수업하는 활동을 즐거워하게 되었다. 덕분에 다른 많은 아이도 명상 수업을 좋아하게 되었다.

현실과 상상을 구분하지 못하는 순진한 뇌가 있어서 얼마나 다행인가? 뇌가 좋아하는 이미지를 많이 상상한다면 기억하는 데 도움을 받을 수 있지 않을까? 똑똑한 뇌가 장기기억에 지식을 넣어 놓으면 그냥 꺼내

쓰기만 하면 된다. 이미지를 활용하여 명상 수업하라. 어떤 수업이든 다 활용이 가능하다. 학급경영, 명상이 답이다. 오늘부터 시작해 보자.

06 세상에 나쁜 아이는 없다

아이들은 부모와 많이 닮아 있다. 부모와 먹고 자며 모든 것을 공유하기 때문에 그럴 수밖에 없다. 학교에 와서 다른 아이들과 잘 지내지 못하는 아이들을 보면 거의 가정에 문제가 있는 경우가 많다. 아무런 힘이 없는 아이는 부모가 키우는 대로 길러질 수밖에 없다. 안타깝지만 선생님이 근본적인 가정의 문제까지 해결해 줄 수는 없다. 게다가 많은 부모가 아이의 부정적 행동에 관해 이야기하면 단순히 아이의 문제라고 회피하며 부모의 잘못된 양육방식을 합리화하려 한다. 그러다 보니 가정에서 부모가 준 마음의 상처를 선생님이 보듬어주고 토닥이게 된다. 내가 만난 아이들 중에 마음이 악하거나 나쁜 아이는 없었다. 다만 마음이 너무 아파서 어떻게 할 줄 모르는 아이들이 있었을 뿐이다. 그 아픔은 부모에게서 온 경우가 대부분이었다.

1학년 아이들은 학교에 와서 집에서 했던 말과 행동을 그대로 쓴다. 어떤 때는 '1학년이 이런 말을 쓴단 말인가?'라는 생각에 깜짝 놀라는 경우가 있다. 생각해 보면 아이는 부모가 쓰던 말을 학교에 와서 자연스럽게 쓰고 있는 것뿐이다. 그럴 수밖에 없는 것이 아이가 태어나서 학교에 오기 전까지 봐왔던 건 부모의 말과 행동뿐이다. 아이는 학교에 오고 난 후, 다른 아이들의 행동과 말씨, 그리고 선생님을 보게 된다. 한 해가 끝날 무렵에는 아이들의 말과 행동이 선생님을 닮아 가는 것을 보게 된다. 1년만 함께 했을 뿐인데도 아이가 선생님을 닮아 가거늘, 하물며 함께 생활하는 부모는 아이에게 얼마나 많은 영향을 미치겠는가?

교육은 가르치는 것이 아니라 보여주는 것이라 했다. 부모가 아이에게 보여주는 행동은 아이에게는 선명한 이미지로 뇌 속에 각인된다. 폭력적인 부모 밑에서 자란 아이는 부모처럼 되고 싶지 않지만, 봐온 대로 폭력적인 사람이 되는 경우가 대부분이다. 부모의 폭력적인 모습을 몸과 뇌가 기억하는 것이다. 아이들은 모든 것을 빨아들이는 스펀지와 같다. 아이를 키우는 선생님이나 부모는 정말 조심스럽지 않을 수 없다.

선주는 늦둥이였다. 어머니는 나이가 좀 많아서 선주를 키우는 데 무척 힘들었다고 한다. 선주의 언니 오빠는 대학생이었는데, 힘든 어머니를 도와 선주를 함께 키웠다고 한다. 선주는 학교에 들어오면서 자기 맘대로 되지 않으면 욕을 하곤 했다. 욕도 할머니들이 쓸법한 원색적인 욕을 친구들에게 했다. 얼굴은 순수해 보이는 선주의 입에서 나오는 말은 거칠기 그지없었다. 친구들이 질색하면서 선주가 욕한다고 모두 싫어했다. 친구들이 잘 놀아 주지 않자, 선주의 욕은 더 심해져 갔다. 날을 잡아서 어머니를 학교에 오시게 했다. 선주가 잘 쓰는 욕을 적어 두었다 보여드렸다. 선주 어머니는 한순간 당황하시더니 고개를 떨구셨다. 선주가 쓰는 욕은 선주 어머니가 다 자란 언니 오빠에게 욕을 할 때 쓰던 그 말 그대로였다. 어머니는 가정에서 쓰는 말을 조심하겠다고 몇 번이나 말하고 집으로 돌아갔다.

물론, 나에게도 해야 할 일이 있었다. 난 선주에게 선주가 쓰는 말이 좋지 않은 말이라는 것을 알아차리도록 지도했다. 선주의 말에서 조금씩 욕이 줄어드는 모습이 보이기 시작했다. 일 년 내내 선주의 욕을 지도했던 것이 생각이 난다. 아이들은 부모가 하는 것을 좋든 나쁘든 따라 한다. 아이가 잘 자라는 것도, 잘못 자라는 것도 부모의 영향이 크다. 아이가 잘 자라도록 부모와의 사이에서 잘 조율하는 것도 선생님이 맡은 중요한 일 중 하나라고 생각한다. 소위 말하는 반항 하거나 말썽을 부리는 아이들은 나쁜 아이가 아니다. 선생님은 마음이 아픈 아이임을 잘 들여다보고 도움의 손길을 내밀 수 있어야 한다.

대부분의 아이는 명상하면 얼굴이 밝아지고 행복해한다. 하지만 극도의 불안 속에 사는 아이들은 명상할 때 눈조차 감지 못한다. 너무 안타까울 때가 많았다. 어디서부터 아이를 도와주어야 할지 난감할 때도 있었다. 눈을 감지 못하는 아이들은 괜찮으니 눈을 뜨고 명상하도록 했다. 그렇게 하다 보면 어느 순간에 아이가 눈을 감고 편안하게 명상하는 모습이 보이기도 했다.

명호는 유난히 작고 얼굴이 까무잡잡한 남학생이었다. 고학년임에도 불구하고 몸집이 다른 아이에 비해 왜소했다. 얼굴은 항상 굳어 있고 표정이 없었다. 교실에서 한 번도 웃는 것을 보지 못했다. 명호는 명상 중에 눈을 감지 못하고 불안해했다. 괜찮으니 눈을 뜨고 명상해도 된다고 안심시켰다. 어머님이 상담을 왔을 때 명호가 왜 눈을 감지 못하는지 알게 되었다. 명호는 아버지와 함께 차를 타고 가다가 교통사고가 나서 아버지의 죽음을 눈앞에서 목격했다고 한다. 명호는 다행히 크게 다치지 않아서 목숨을 건졌다고 말씀하셨다. 그다음부터 명호는 무서운 꿈을 많이 꾸게 되었고 불안하여 병원 치료를 받고 있다고 했다.

요즘 명호가 증상이 심해진 것은 세월호로 많은 학생이 죽었다는 뉴스를 보고 나서 다시 불안해졌다고 한다. 눈을 감으면 귀신들이 보인다며 눈 감는 것을 무서워한다고 했다. 불안한 명호가 매우 안타까웠기에 도와주고 싶었다. 명호가 알아채지 못하게 죽은 사람을 애도하는 방법과 슬픔은 밖으로 표현하는 것이 자연스러운 것이라는 수업을 하게 되었다.

명호는 병원 치료도 열심히 받고 학교에서의 명상도 조금씩 편안하게 받아들이게 되었다. 명호가 조금씩 조금씩 좋아지는 모습이 보여서 정말 다행이었다.

학교에서 마음이 아픈 아이들을 종종 만난다. 가정에서의 문제는 해결이 되지 않더라도 학교에서 교사가 할 수 있는 것은 학생의 마음을 알아주고 공감해 주는 것이다. 한 사람이라도 아이의 마음을 진심으로 알아주고 위로해 준다면 아이들은 변화하기 시작한다. 명상은 선생님과 아이의 마음을 이어준다. 뇌파가 같아지기 때문에 소통이 잘 일어난다. 학교에서 행복한 아이들은 얼굴부터 달라진다. 학교에서 아이들과 행복 명상을 많이 하기를 권한다. 행복 명상은 너무도 쉽고 효과가 빠르다. 명상 중에 행복한 생각을 많이 할 수 있도록 선생님이 이끌면 된다. 학급경영, 명상이 답이다. 오늘부터 시작해 보자.

2장

아이들과 명상을 그리다

01 명상이란 무엇일까?

명상(meditation, 冥想)을 정의한 의견은 다양하다. 명상의 사전적 정의는 '고요히 눈을 감고 깊이 생각하다, 사색하다.'이다. 또한 명상에 대한 전통적 정의 중 하나로 티베트어 '곰'(Gom)이란 말이 있는데, '익숙해지다.', '습관이 되다.'라는 의미가 있다. '줄리 브레프친스키 루이스'(Julie Brefczynski-Lewis)는 명상을 과학적으로 정의하여 "특별한 종류의 성신적 과정에 익숙해지기 위한 정신훈련의 일종"이라고 말했다.

보통 사람들은 명상에 대해 신비로운 마술처럼 생각하곤 하지만, 고대 시대나 현대 시대에 나타나는 명상에 대한 용어만 봐도 알 수 있듯이, 명상은 일종의 정신훈련을 뜻하고 있다. 과학적으로 보면 스트레스에 의해 촉발된 교감신경계가 과잉 활동하는 반응에서 평화와 안정 상태를 주도하는 부교감신경계의 기능이 우세하도록 바뀐 상태를 말한다.

명상에 대한 연구자의 생각은 '되도록 생각을 적게 하는 것'이다. 생각을 적게 하기 위해선 어느 한 곳에 집중해야 한다. 그러다 보면 자연스럽게 흩어졌던 생각들이 한 곳으로 모이게 된다. 그러면 자연스럽게 수많은 생각들이 하나로 정리되며 생각을 덜 하게 되는 상태로 변화된다. 그럼 왜 생각을 덜 해야 하는 걸까? 우리 뇌에는 아침에 눈을 뜨는 순간부터 많은 정보가 쏟아져 들어온다. 이처럼 많은 정보를 처리하다 보면 뇌는 항상 스트레스를 받게 된다. 잠시 명상을 하게 되면 생각이 정리되며 지친 뇌가 잠시 쉴 수 있게 된다. 이렇듯 뇌를 쉬게 하는 것이 명상이다. 짧은 시간을 명상해도 큰 효과를 볼 수가 있다.

우리의 뇌는 순진하다고 한다. 상상만으로도 충분히 행복해질 수 있다. 행복해지려면 행복한 일을 많이 만들고 행복했던 순간을 상상만 하면 된다. 뇌가 알아서 행복 호르몬을 온몸으로 내보낼 것이다. 뇌는 또한 선명한 이미지를 좋아한다. 상상을 잘하는 사람이 명상도 잘한다. 행복한 이미지를 떠올려 오감으로 느껴보는 행복 명상을 아이들과 많이 할 것을 권한다. 명상은 참 쉽다. 조금만 주의를 기울이면 우리의 일상이 명상이 된다. 지금 자신의 상태를 알아차리기만 해도 명상은 시작된다. 명상은 심지어 명상을 시도하는 과정 자체도 의미 있는 명상이 되곤 한다.

아이들은 자신을 잘 모른다. 어른도 자기 자신을 모르는 사람이 많은데 삶에 경험이 없는 아이들은 더하다. 자신의 감정을 알아차리는 것만으로도 아이들의 생활엔 변화가 온다. 감정은 내가 아니다. 사람들은 감정이 자신인 것처럼 생각한다. 감정은 지나가는 나그네와 같다. 나도 아닌 감정에 집착할 필요가 없다. 파란 하늘에는 많은 구름이 지나간다. 먹구름이 올 때도 있고 비바람이 칠 때도 있다. 하지만 그것들이 지나가면 하늘은 다시 본연의 파란 얼굴을 내민다. 우리의 마음도 파란 하늘과 같다. 지나가는 감정을 자신인 줄 부여잡고 스트레스를 받을 필요가 없다. 아이들에게 자신을 알아차리는 명상을 알려주면 아이들은 잘 알지 못했던 자신을 보게 된다. '지금 내가 화가 났구나!', '지금 내가 짜증이 나는구나!', '지금 내가 많이 흥분했구나!', '지금 내가 행복하구나!' 등, 다양한 감정이 있다는 것을 알아차리게 된다.

그럼, 학교에서 명상하면 무엇이 좋아질까? 명상의 효과는 크게 4가지인데, 첫째, 집중력이 좋아진다. 둘째, 감정이 조절된다. 셋째, 마음이 행복해지고 편안해진다. 넷째, 자신을 알게 된다. 아이들과 함께 명상하다 보면 아이들이 이야기한다. "집중력이 늘었어요.", "화를 많이 내지 않아요.", "행복해졌어요.", "내 몸이 깨끗해진 것 같아요.", "잠이 와요." 등, 많은 몸과 마음의 변화를 이야기한다.

평상시에 아이들은 학교에 오면 많은 수업과 원만하지 못한 친구와의 관계 등으로 긴장 속에 살게 된다. 요즘은 초등학교 때부터 공부를 강조하는 부모들이 대다수여서 아이들은 수업받는 것에 스트레스를 받고 있다. 학교에서의 공부가 끝나면 바로 학원으로 이어지는 여유가 없는 생활이 계속된다. 이처럼 바쁜 일상에서는 행복감을 느끼기가 쉽지 않다. 연속되는 긴장 속에서 아이들의 뇌파는 빨라질 수밖에 없다. 긴장 속에 있는 빠른 뇌파가 명상을 통해 느리게 바뀌면 아이들의 얼굴은 편안해진다. 차분해진 아이들은 스펀지가 물을 빨아들이듯 집중력 또한 올라가 학습력 또한 향상된다. 마음이 편안해지면서 자신의 상태를 알아차리는 것도 잘하게 되고 선생님과 아이들과의 갈등도 줄어들게 된다.

명상을 통하여 현재를 알아차리는 활동을 하게 되었다. 그중 하나가 아이들과 함께 꽃밭을 걷는 것이었다. 명상 전에는 꽃밭에 그렇게 다양한 꽃이 피어 있었다는 걸 아이들은 몰랐다. 하지만 명상 후에는 수많은 꽃을 발견하게 되면서 놀라움을 금치 못했다. 어떤 것이든 관심이 없으면 눈에 들어오지도 않는다. 급식을 먹는 동안 입은 자동으로 씹고 있고 무엇을 먹고 있는지 알아차리지 못한다. 혼란한 마음과 부정적인 감정은 마음이 현재에 있지 못하고 떠돌아다닐 때 일어난다. 명상은 현재를 경험하기 위해 의도적으로 현재에 집중하고 머물면서 현재의 상태를 그대로 '알아차리는' 것이다. 현재에 느껴지는 생각이나 감정, 감각을 알아차림으로써 지금을 넉넉하고 여유롭게 경험하게 된다. 명상은 현재 마음에 집중할 수 있게 해주고, 과거나 미래로 떠돌아다니는 마음을 현재로 데

려올 수 있다. 지금, 이 순간 느껴지는 마음에 몰입하면 편안함과 넉넉한 여유를 느끼게 된다.

지금 자신이 어떤 일을 하고 있는지 알아차리는 것이 명상의 핵심이다. 모든 사람이 가지고 있는 시간은 '현재'라는 시간뿐이다. 지금, 이 순간만이 알아야 할 유일한 시간이다. 현재의 알아차림은 경험을 더욱 풍성하게 하고 삶을 현실적으로 만든다. 현재를 알아차림으로써 상황을 비판단적으로 받아들이게 된다. 또한 감정적 반응을 하지 않게 된다. 따라서 지금, 현재에 대한 통찰이 일어나게 되며, 자신이 문제로 생각하고 있는 상황을 새로운 방법으로 해결할 수 있게 된다.

학교에서 하는 명상은 거창하거나 요란하지는 않다. 하지만 아이들이 일상에서 변화되는 모습을 볼 수 있다. 무엇보다 선생님과의 관계가 좋아지고 친구 관계가 원만해진다. 그러기 위해서는 아이들에게 명상뿐만 아니라 대화법이나 감정을 조절하는 방법을 함께 가르쳐 주면 효과가 더 커진다. 또한 아이들의 생활지도, 인성 지도에도 명상을 접목할 수 있다. 알아차려야 변화도 일어난다. 학급경영, 아이들과의 명상이 답이다. 오늘부터 시작해 보자. 명상은 시작하는 과정 자체가 명상이다.

02 바람개비를 돌려라 - 복식호흡

명상에서 호흡은 매우 중요하다. 우리가 아기로 태어났을 때는 배로 숨을 쉬었었다. 숨을 쉴 때 배가 올라갔다 내려갔다 하는 복식호흡을 했었다. 하지만 살아가면서 스트레스받는 일, 빠르게 해야 하는 일, 긴장, 불안 등을 경험하다 보니 숨을 짧게 쉬게 되었다. 숨이 점점 가슴 위로 올라오게 되었다. 따라서 숨을 쉴 때 가슴이 올라갔다 내려갔다 하는 가슴 호흡을 하게 되었다. 그럼 왜 복식호흡을 해야 하는 걸까? 가슴 호흡은 자동 호흡이고 복식호흡은 수동 호흡이다. 무엇이든 자동이 에너지가 많이 든다는 것은 다 알고 있는 사실이다. 복식호흡을 할 경우, 가슴 호흡에 드는 절반의 에너지로도 호흡할 수 있다.

그렇다고 다 복식호흡을 할 수는 없다. 명상할 때만이라도 복식호흡을 할 수 있도록 연습이 필요하다. 복식호흡은 들이쉬는 숨보다 내쉬는 숨을 두 배 정도 길게 내쉰다. 들이쉬는 숨은 활성화와 관련이 있는 교감신경과 연결이 되어 있다. 반면 내쉬는 숨은 활성화 된 것을 제자리로 돌려 편안하게 하는 부교감신경과 연결이 되어 있다. 그렇기에 편안함을 유지하기 위해 내쉬는 숨을 더 길게 가져간다. 숨만 잘 쉬어도 편안해진다. 복식 호흡하는 방법은 다음과 같다.

〈복식호흡〉

1단계: • 되도록 느슨한 옷차림으로 편안한 자세로 앉아서 눈을 살짝 감거나 반만 뜬다.

• 두 손은 살짝 포개어 배꼽 아래에 올려놓는다.

2단계: • 코로 들이마시는 숨에 아랫배에 공기를 가득 불어 넣어 배가 풍선처럼 부풀어 오르게 한다. (손의 감각으로 배가 올라감을 느껴본다.)

• 숨을 내보낼 때는 입으로 풍선에서 공기가 빠지듯이 천천히 내보낸다. (손의 감각으로 배가 홀쭉해지는 것을 느껴본다.)

3단계: • 연습할 때는 코로 들숨에 하나, 둘, 셋, 넷 숫자를 붙이며 천천히 들이쉰다.

• 날숨에 입으로 하나부터 여덟까지 숫자를 세면서 천천히 숨을 내보낸다.

• 호흡이 익숙해지면 숫자를 붙이지 않고 숨을 들이쉬고 내쉰다.

• 손은 양 무릎 위에 살며시 올려놓는다.

아이들과 복식호흡을 할 때는 바람개비를 내쉬는 숨에 오래 돌려보는 활동을 한다. 아이들이 숨을 느껴볼 수 있도록 하는 활동이다. 바람개비 호흡을 했으면 아이들과 운동장에서 바람개비를 돌리며 신나게 노는 활동도 함께 하길 바란다. 바람개비가 없을 때는 상상으로 바람개비를 돌리는 명상을 해도 좋다. 또한 숨을 들이쉴 때 바람이 어디를 통해 들어가는지, 내쉴 때 공기의 온도는 어떤지, 자신의 숨을 알아차리고 관찰하게 되면 호흡 명상이 된다. 호흡은 어디서든지 할 수 있는 명상의 좋은 도구이다.

〈기초 명상〉

아이들은 명상의 느낌을 잘 모른다. 기초 명상은 처음 명상을 접하는 아이들에게 추천해줄 만하다. 기초 명상은 명상 중에 몸과 마음에 어떤 느낌이 드는지 경험해 보는 명상이다. 명상 체험 단계는 다음과 같다.

1단계:
- 허리, 가슴, 목을 곧게 편다. 편안한 자세로 앉아서 머리는 앞을 향하고 눈은 살며시 감는다.
- 양손은 무릎 위에 살며시 올려놓는다. 숫자를 1에서 10까지 거꾸로 세며 상상으로 바다 밑까지 들어간다.
- 10 → 9 → 8 → 7 → 6 → 5 → 4 → 3 → 2 → 1

- 내 몸이 조용하고 깊은 바닷속으로 천천히 가라앉는 느낌을 알아차린다.
- 깊고 조용한 바닷속에 들어와 있다고 온몸으로 느끼며 심신의 긴장이 이완되도록 한다.

2단계: • 1단계 명상이 익숙해지면 일상생활에서 바로 긴장이 이완될 수 있도록 연습한다.

- 음악 듣기, 걷기, 먹기 등, 한곳에 집중하면서 이를 알아차릴 수 있도록 생활 속에 수련한다.
- 명상 중 다른 생각이 일어나면 애쓰지 않고 생각이 물 흐르듯 흘러가도록 한다.

〈이미지 명상〉

이미지 명상은 200여 년 전 프랑스의 약학자 '에밀 꾸에'(Emile Coué)가 환자의 증상을 치료하는 데 사용하면서 시작되었다. 에밀 꾸에는 "생각은 실현될 수 있으며 상상의 힘이 정신력의 힘을 훨씬 넘어설 수 있다."고 믿었다. 그는 의도적인 정신력에 의해서는 긴장이 이완 상태가 되기는 힘들지만, 상상에 의해서는 쉽게 일어난다는 것을 알고 있었다. 즉, 선명한 이미지를 상상하여 이완이 온몸으로 전달되게 할 수 있다고 했다. 예를 들면 상상으로 편안하게 쉴 수 있는 장소로 찾아가 쉴 수 있도록 이미지화할 수 있다는 것이다. 이미지는 의지력보다 강하여 쉽게 이완 상태로 들어갈 수 있게 한다. 긍정적 이미지는 천억 개의 뉴런이 현실로 실현되기 위한 신경회로를 찾는다.

이미지 힐링의 종류는 느낌을 이미지화하는 수용적 이미지와 실제로 일어날 경험을 심상으로 경험하는 프로그램식 이미지가 있다. 또한, 이완하기 좋은 즐겁고 행복했던 장소나 상황을 찾아 이미지화하는 유도된 이미지가 있다. 이미지를 시각화하는 것은 내면으로 들어가는 작업이다. 즉, 호흡과 신체에 집중하면서 깊은 의식 수준으로 들어가는 것을 말한다. 상상으로 즐거운 장소로 떠나는 여행의 형태, 만나고 싶은 존경하는 인물과의 만남의 형태, 자신의 꿈이 이루어진 미래의 모습 등을 시각화할 수 있다. 만약 시각화를 통한 이완을 아이들에게 일찍 알려 준다면 학교 공부뿐만 아니라 미래의 삶에도 도움이 될 것이다.

특히 아이들은 거의 생각을 이미지로 보고, 오감으로 사물을 이해한다. 따라서 시각화하는 것을 강화해 주지 않는다면 이미지를 활용해 탐구하는 자연스러운 역량을 잃어버리게 된다. 이미지 명상은 편안함을 느끼는 장소나 상황을 자신이 선택할 수 있어서 자유롭다. 하지만 집단 명상의 경우는 진행을 맡은 안내자가 이끌어 줄 수도 있다. 이미지 명상은 장소나 환경에 따라 명상 문구를 달리하여 다양하게 활용할 수 있다는 장점이 있다. 이미지를 활용한 명상 방법은 다음과 같다.

1단계: • 편안한 자세로 앉는다. 머리는 곧게 앞을 향하고 눈은 살짝 감는다.

2단계: • 명상음악을 들으면서 온몸을 편안하게 이완한다.

3단계: • 진행자의 안내에 따라 상상으로 행복했던 장소나 장면으로 이동하여 마음의 여행을 떠난다.

(여행하는 동안 느끼고, 듣고, 만지고, 냄새 맡고, 마음의 눈으로 바라본다.)

03 빛과 소리로 사랑을 깨우다 - 사랑해 명상

사람들은 칭찬은 다른 사람에게나 하는 것으로 알고 있다. 또한 지구상에 하나밖에 없는 소중한 존재인 자신을 잘 알지 못한다. 자신을 사랑할 줄 아는 사람이 다른 사람도 사랑할 줄 안다. 부모는 다른 아이와 내 자녀를 비교하여 말하기를 좋아한다. 그럴 때면 다른 아이는 칭찬해도 내 아이는 칭찬하지 않는다. 그런 부모 밑에서 자란 아이도 자신을 칭찬할 줄 모른다. 밖으로만 향해 있던 관심을 자신에게 돌려 자신을 바라보는 알아차림이 필요하다.

'다비드'(David)는 사랑을 뜻하는 단어로 500 정도의 높은 에너지를 가지고 있다고 실험을 통하여 밝혀졌다. '사랑해' 명상은 빛과 사랑으로 심적, 내적 신체의 모든 곳이 정화되고 통합할 수 있는 최고의 명상법이다. 사랑해 명상은 '청학 울리싸만코' 작가의 '빛과 소리로 사랑을 깨우는 사랑해 명상법'을 초등학교 아동의 발달단계에 맞게 재구성한 명상법이다. '사랑해 명상' 단계를 보면 다음과 같다.

〈사랑해 명상〉

1단계: • 편안한 자세로 앉는다.

• 머리는 똑바로 앞을 향하고 눈은 살짝 감는다.

2단계: • 명상음악을 들으면서 심신을 편안하게 이완한다.

• 포근하고 노란 황금빛이 정수리에 있는 문을 통하여 내 몸속으로 천천히 들어옴을 느껴본다.

• 내 몸이 따뜻한 황금빛으로 채워지며, 몸에 있는 탁한 기운, 불안한 마음을 회색 구름처럼 모아 몸 밖으로 내보낸다.
(마음의 눈으로 시각화한다.)

• 내 몸속이 따뜻하고 노란 황금빛 에너지로 가득 차는 것을 느껴본다.

• 나를 두 팔로 감싸 안으며 정성스럽게 말한다.

'나는 (내)가 좋습니다.'

'나는 (내)가 정말 좋습니다.'

'나는 (나)를 사랑합니다.'

'나는 정말 행복합니다.'

'사랑해!'

'사랑해!'

'사랑해!'

…….

행복한 마음으로 명상을 끝낸다.

※ (   ) 안에 친구, 가족, 이웃 등 다른 사람의 이름을 넣어서 활용할 수 있다.

04 마음 편한 하루를 시작하는 법 - 음악 명상

학교에서 아이들과 '삼 분 음악 명상'으로 하루를 시작한다. 학교에 오면 아이들은 긴장하게 된다. 또한 친구들과 뛰면서 생활하다 보면 뇌파가 올라간다. 수업을 위한 준비로 올라간 뇌파를 잔잔한 뇌파로 바꿔주는 음악 명상을 한다. 명상음악은 아이들의 마음을 차분하게 하며 안정감을 준다. 특히 자연을 닮은 소리는 사람의 신체 리듬과 유사한 파동을 가지고 있어서 마음을 편안하게 해 준다. 따라서 명상음악은 마음이 쉽게 정화될 수 있으며, 순수한 상태에 머물 수 있게 하는 효과가 있다. 매일 아침 수업 시작 전에 하는 '복식호흡'과 '삼 분 음악 명상'은 차분한 몸과 마음을 오감으로 느껴보는 명상 수련이다. 음악 명상은 본격적인 프로그램 수련 활동 전에도 준비 명상으로 활용된다. 또한 활동의 마지막에 차분한 마무리 명상으로도 효과가 매우 좋다.

명상음악은 자연의 소리를 닮은 비발디의 사계, 베토벤의 전원교향곡 등의 음악을 듣는 것이 좋다. 바람 소리, 빗소리, 물 흐르는 소리와 같은 자연 그대로의 소리는 정신을 상쾌하게 만들어 심신의 안정을 가져온다. 따라서 '이 숲의 노래', '비 개인 산림', '아침 안개' 등, 자연의 소리가 들어있는 명상음악을 활용하면 좋다. 음악 명상 단계는 다음과 같다.

〈음악 명상〉

1단계: • 편안한 자세로 앉는다. 머리는 곧게 앞을 향하고 눈은 살짝 감는다.

2단계: • 코로 숨을 들이마시고 길게 뱉는다. 세 번 반복한다.

3단계: • 명상음악을 들으면서 온몸을 편안하게 이완한다.

4단계: • 마음에 잡념이 생기면 자연스럽게 생각이 흘러가도록 한다.

※ 음악 명상은 언제 어디서든 '삼 분 명상'으로 활용이 가능하다. 또한 10분 이상 들으면 음악 명상만으로도 활용할 수 있다.

아침 삼 분 명상 시간이 지나고 나면 아이들의 얼굴은 편안하고 행복해 보인다. 차분한 분위기에서 수업을 시작할 수 있어서 효과적이다. 또한 편안한 마음으로 하루를 열 수가 있다. 아이들은 점심시간이면 운동장에서 신나게 뛰어논다. 잘 놀고 5교시 수업을 시작할 때 명상음악을 들으면 흥분했던 마음을 차분하게 정리할 수 있다. 아이들이 음악 명상에 익숙해지면 스스로 명상을 즐기는 모습을 볼 수 있다.

05 행복을 위한 최소한의 노력 - 행복 명상

사람들은 무엇을 위해 그렇게 열심히 사는 걸까? 다수의 사람은 행복해지기 위해 열심히 일한다고 말한다. 사람들이 찾는 행복은 도대체 어디에 있는 걸까? 사람들이 좋아하는 돈 속에 들어있는 걸까? 갑자기 로또에 당첨된 사람들을 조사한 기사가 있었다. 아이러니하게도 로또에 당첨된 사람들은 그렇게 행복하게 살고 있지는 않았다. 많은 사람이 돈을 거의 다 잃고 불행한 삶을 살고 있었다. 그렇다면 행복은 돈 속에 있는 건 아닌 것 같다. 그럼, 행복이란 도대체 어디에 있는 걸까?

하버드 대학이 75년간 어떤 삶을 사는 사람들이 행복한지 추적 연구한 결과가 있다. 오랜 세월 동안 연구한 결과를 보면 소수의 사람과 소통하며 친밀하게 사는 사람들이 오래 살며 행복 지수가 높다는 것을 알게 되었다. 결국 행복은 사람 사이의 관계와 소통이 매우 중요한 것으로 밝혀졌다.

행복해지는 데도 최소한의 노력은 필요하다. 우리 뇌는 현실과 상상을 구분하지 못한다. 상상만 해도 현실인 것으로 착각하여 몸에 반응을 보낸다. 아름다운 곳을 상상하면 가지도 않았는데 기분이 좋아진다. 반면에 하기 싫은 일은 생각만 해도 얼굴부터 찌푸려지고 기분이 나빠진다. 따라서 내가 행복해지려면 행복한 경험을 많이 체험하고 언제든지 행복한 경험을 다시 떠 올려 보는 게 중요하다.

행복은 거창하지 않아도 된다. 우리의 주변에는 작은 행복들이 보석처럼 빛나고 있다. 조금만 주의를 기울이면 알아차릴 수 있다. 행복은 과거에 있는 것도 미래에 있는 것도 아니다. 지금, 현재에서 작은 행복을 많이 볼 줄 아는 눈을 만들면 된다. 이제 상상만 해도 행복해지는 뇌의 비밀을 알았으니 최소한의 노력을 기울여 보자. 행복이 항상 곁에서 햇살처럼 웃고 있을 것이다. 행복 명상은 쉽고도 간단하다.

아이들은 생각을 이미지로 보고 사물을 이해하는 것을 좋아한다. 따라서 시각화하는 기능을 향상해 주지 않는다면 이미지를 활용해 탐구하는 자연스러운 역량을 잃어버리게 된다. 행복 명상은 편안함을 느끼는 장소나 상황을 자신이 선택하여 명상할 수 있다는 장점이 있다. 집단 명상의 경우 진행을 맡은 안내자가 이끌어 줄 수도 있다. 본 책에서 사용하는 '숲 명상', '행복 명상'은 이미지 명상을 재구성하여 사용한다. 이미지 명상은 장소나 환경에 따라 명상 문구를 달리하여 다양하게 활용할 수 있다는 장점이 있다. 이미지를 활용한 명상 방법은 다음과 같다.

〈행복 명상 예시〉

1단계: • 편안한 자세로 앉는다.
• 머리는 곧게 앞을 향하고 눈은 살짝 감는다.

2단계: • 명상음악을 들으면서 온몸을 편안하게 이완한다.

3단계: • 진행자의 안내 말에 따라 상상으로 행복했던 장소나 장면으로 이동하여 여행을 떠난다.
(여행하는 동안 오감을 사용하여 느끼고, 듣고, 만지고, 냄새 맡고, 마음의 눈으로 바라본다.)

〔'가을 숲 명상' 안내 멘트 예시〕

- 나는 지금 단풍이 곱게 물든 한적한 숲길을 걷고 있습니다.
- 잠시 걸음을 멈추고 낙엽의 향기를 맘껏 들이마시며 기지개를 천천히 펴봅니다.
- 귓가에 상쾌하게 지저귀는 새들의 소리가 들려옵니다.
- 귓전을 부드럽게 스치는 바람 소리, 서걱대는 나뭇잎 소리가 이따금

들려옵니다.

- 주위는 무척 고요하고 쾌적합니다.
- 평화롭고 행복함 속에서 천천히 한 걸음 한 걸음 걸어갑니다.
- 숲 안은 따뜻한 햇볕과 고운 단풍이 어우러져 너무 평화롭습니다.
- 가끔씩 불어오는 바람에 서걱거리는 나뭇잎 소리, 멀리 계곡에서 들려오는 물소리가 아련하게 들립니다.
- 부드럽게 뺨에 와 닿는 바람의 촉감을 느껴보십시오.
- 숲에서 풍기는 낙엽의 향기를 한껏 들이마셔 보세요.
- 나뭇잎 위를 걸을 때 바스락거리는 낙엽의 소리와 기분 좋은 발의 느낌, 온몸으로 느껴보십시오.
- 나는 아주 편안합니다.
- 나는 정말 평화롭습니다.
- 나는 너무너무 행복합니다.

- 가을 숲속 여행이 끝나면 기분 좋은 마음으로 명상을 끝냅니다.

※ 계절에 따라, 장소에 따라 '바닷가 명상', '꽃 명상', '숲 명상' 등으로 멘트를 달리하여 활용할 수 있다.

06 함께 명상할 때 마음이 움직인다

처음 명상을 접하는 아이들은 명상의 느낌을 잘 모른다. 내가 제대로 하는 것인지 혼란스러워한다. 초등학교 또래의 아이들은 친구의 행동과 말을 보고 배우기도 한다. 모델링 수업이 가능하다는 것이다. 명상 활동이 끝나면 아이들과 소감을 나누는 시간을 가졌다. 아이들은 또래를 보고 자신의 상태를 알아차리기도 한다. 명상하면 아이들의 뇌파가 같아지면서 긍정적인 소통이 일어난다. 행복은 전염이 잘 된다고 하는 말을 실감하게 된다. 서로 느낌을 솔직하게 나누며 행복해하는 모습을 보게 된다.

김상운 작가는『왓칭』이라는 책에서 함께 구령을 외치며 걸어가던 영국 군인들의 소리에 공명 된 다리가 무너진 사례를 소개하고 있다. 무엇인가를 함께 바라본다는 것은 힘이 세다. 아이들과 함께 명상을 경험하면서 느낀 자신의 마음을 명상 '시'로 지어 표현해 보는 시간을 가졌었다. 많은 아이가 편안하고 행복하다고 표현했다. 함께 명상하면 서로 느끼는 감정도 공유가 되는 것 같았다. 아이들은 참 순수하다. 자신의 느낌을 얼마나 솔직하게 자신만의 언어로 표현하는지 진심이 느껴질 때가 많았다. 이렇게 명상은 함께 할 때 효과가 더 커진다. 마음이 크게 움직인다. 일 년을 함께 명상하면 서로 말하지 않아도 서로 마음을 아는 상태가 된다. 소통이 저절로 일어난다. 교실에서의 명상은 이렇게 서로에게 힘이 된다.

명상을 함께하면서 아이들의 생활지도도 같이 했다. 친구를 비난하지 않고 자신의 감정을 전달하는 '나 전달법'을 연습했다. 또한 친구의 입장이 되어 생각해 보는 활동도 해 보게 되었다. 활동을 통해 아이들은 시간이 지날수록 생각하는 힘이 자라는 모습을 보이게 되었다. 마음이 행복해진 아이들은 배려도 잘하고 봉사도 잘하는 모습을 보였다. 갈등이 줄어들고 친구 관계가 돈독해지는 변화를 볼 수 있었다. 선생님은 아이들과 함께 명상하라. 함께 행복해질 수 있다.

6학년 담임일 때 아이들과 학예회를 했던 때가 있었다. 우리 반은 가장행렬을 준비하고 연습에 들어갔다. 아이들은 스스로 회의를 거쳐 남자아이들이 여장하고 패션쇼를 하겠다고 계획을 세웠다. 아이들의 마음이 맞으니 학예회 연습도 재미있게 했다. 남자아이들은 시키지도 않았는데 여장하고 스스로 화장까지 하겠다고 단합된 모습을 보여주었다. 학예회에서 패션쇼의 인기는 당연히 최고였다. 사춘기에 접어든 아이들이 모두 마음을 모을 수 있었던 것은 명상의 힘이 아닌가 생각된다. 6학년은 생활지도가 힘들어서 서로 담임을 안 하려고 하는 경우가 많다. 나는 6학년 담임을 몇 년 하면서 아이들과 너무도 재미있는 시간을 보냈다. 명상은 아이들의 마음도 몸도 움직인다. 마음이 놀랄 만큼 긍정적으로 변화하는 모습을 볼 수 있었다.

명상은 함께 하겠다고 마음먹는 과정도 명상이다. 알아차리고 비우고 내려놓으면 그 빈 마음에 행복이 들어오게 된다. 이 세상은 미립자로 가득 차 있다. 미립자는 각 물건의 최소한의 알갱이이다. 사람의 뇌파도 식물도 모두 미립자로 만들어져있다. 더욱 놀라운 것은 미립자는 최초의 성질을 잃어버리지 않고 갖고 있다는 것이다. 생각도 미립자의 형태로 공존하게 된다. 굳이 말을 하지 않아도 다른 사람이 나를 좋아하는지 싫어하는지 우리는 기가 막히게 안다. 생각의 미립자는 멀리 떨어져 있어도 서로의 생각을 읽는다. 부모가 멀리 떨어져 있는 자식을 걱정하고 사랑하면 그 마음이 전해지는 것을 보면 알 수 있다. 명상하면 뇌파가 바뀐다. 좋은 생각의 미립자가 우리의 심신에 건강한 영향을 준다는 것은 불을 보듯 뻔하다. 명상은 몸과 마음을 긍정적으로 변하게 한다.

명상은 혼자 하는 것보다 함께할 때 더욱 효과가 있다. 힘든 일이 있을 때 명상하면서 많은 사람의 힘을 받는 것도 좋은 방법이다. 명상은 여러 사람의 응원을 상상만 하여도 긍정적인 힘을 받는다. 사람을 만나기 전 좋은 이미지를 떠올리고 만나면 소통이 잘 이루어진다. 싫어하는 사람을 만나기 전 싫은 사람을 부정적인 이미지로 떠올리고 만나면 좋지 않은 결과를 가져오는 경우가 종종 있다. 생각도 에너지다. 명상도 에너지다. 아이들과 함께 명상할 때 더 좋은 에너지가 만들어진다. 행복한 에너지를 공유하면 한 해가 행복해질 수 있다.

함께 명상하기 좋은 곳이 교실이다. 아이들과 함께 명상하라. 명상을 통하여 소통하고 좋은 관계가 만들어지는 것을 경험할 것이다. 함께 명상할 때 행복도 점점 커진다. 마음도 움직인다. 학급경영, 명상이 답이다.

3장

학급경영 명상이 답이다

01 명상이 바꾼 아이들

교실에서 만나는 아이 중에는 유난히 불안해하는 아이들이 있다. 그런 아이들을 보면 십중팔구는 공부를 잘하는 아이다. 부모가 아이의 마음은 받아 주지 않고 오직 공부만 시킨 아이들이다. 공부를 잘해야지만 칭찬을 받을 수 있는 아이들이다. 수업에서도 새로운 활동은 화를 내며 안 하려고 한다. 하기도 전에 잘하지 못하면 어떻게 하나 불안해하며 도전을 포기한다. 도전은 아예 시작도 하지 않으려 한다. 정말 안타까운 아이들이다. 그럴 때 아이 뒤에 있는 부모의 모습이 보인다. 무엇이 중요한지 정말 모르고 살아가는 부모들이다.

그런 아이들에게 나 자신의 이야기를 해주었다. "선생님도 옛날에 수학이 싫어서 잘하지 못했지. 하지만 가만히 생각해 보니 선생님도 남들보다 잘하는 것이 있더라. 다른 아이보다 글 쓰는 것을 잘한다는 것을 알게 되었지. 사람은 자신을 잘 관찰하면 무엇을 잘하는지, 무엇을 좋아하는지 알게 되지. 다만 모든 것을 잘하려고 하다 보니 자신이 무엇을 잘하는지 모르게 되는 것이지. 100세를 사는 시대에 지금부터 시작하면 너희들이 좋아하는 것 무엇이든지 할 수 있단다. 오늘부터 머리를 자꾸 쓰는 연습을 해 보자. 집중력 있게 수업하는 연습도 해 보자."

내 말에 아이들은 조금은 위로가 되었는지 안 하려고 눈물을 질금거리고 앉아 있던 녀석이 다가와 "선생님 도와주세요."라고 말한다. 그 모습이 얼마나 예뻐 보이던지 도와준다고 약속했다. 아이들에게 '왜 명상해야 하는지'에 대해 설명하고 함께 명상을 시작했다. 아이들은 아이들이다. 받아들이는 것도 빠르다. 하루하루 몰라보게 차분해져 갔다. 집중력도 높아져 갔다. 뇌파가 베타파에서 알파파로 바뀌니 차분해질 수밖에 없다. 편안해질 수밖에 없다.

명상은 기본을 알고 하는 것과 그냥 하는 것은 너무 다르다. 내가 명상한다고 하면 어떤 사람들은 바로 명상해 달라고 말한다. 나는 그럴 때면 명상을 설명하는 기본 시간을 갖지 않으면 명상 강의를 하지 않는다. 고등학교에 명상 강의하러 갔을 때 처음 들어 보는 명상 이론을 적어가면서 열심히 집중하던 아이들의 모습을 보았다. 이미 아이들은 명상을 시작하겠다고 마음먹으면서 명상하고 있었다.

명상은 과정도 명상이다. 명상하겠다고 마음먹는 시간도 매우 중요하다. 처음 3월에 아이들을 만나면 두 시간 정도 명상을 하기 위한 오리엔테이션 시간을 갖는다. 처음 듣는 명상 이야기에 아이들의 눈은 별처럼 빛난다. 해 보겠다는 마음의 준비가 되었을 때 하는 명상은 효과가 크다. 아이들은 순수하다. 명상하면서 행복하고 활발해지는 아이들을 만날 수 있다. 아이들과 함께 명상하라. 명상만 해도 아이들은 달라진다. 행복해진다.

욕을 입에 달고 사는 아이가 있었다. 입만 열면 부정적인 이야기가 술술 나왔다. 아이는 욕을 하면 자신이 점점 강해진다고 생각하고 있었다. 명상 시간에도 잠시를 가만히 있지 못하고 불안해서 무엇인가를 만지고 소리를 냈다. 아이는 다른 사람으로부터 긍정적인 피드백을 받아본 경험이 거의 없는 것 같았다. 아이의 부모가 이혼하고 지금은 엄마와 함께 살고 있다는 것을 알게 되었다. 엄마 아빠가 모두 필요한 시기에 아빠의 부재는 아마도 아이가 버림받았다고 생각하게 했을 것이다. 모든 것이 부정적으로 보이기 시작했을 것이다. 수업 시간에 욕을 하면 우리의 뇌와 몸이 어떻게 변하는지 동영상을 보여주었다. 아이는 이미 자신은 욕을 많이 했는데 어떻게 하느냐고 물었다. 이제부터 하지 않고 고운 말과 좋은 생각을 많이 하면 괜찮다고 말해 주었다.

그 이후, 앞으로 어떤 말을 쓸 것인지 포스트잇에 써서 칠판에 붙이는 활동을 했다. 아이들은 '고운 말을 쓰겠다.', '좋은 생각만 하겠다.', '고맙다고 이야기하겠다.' 등, 많은 내용을 써서 칠판에 붙였다. 욕을 하던 아이의 쪽지는 놀라웠다. '너는 할 수 있다고 말해 주세요.'라고 썼다. 그 모습이 너무 예뻐서 꼭 안아 주었다. 당연히 아이는 변하기 시작했다. 무엇보다 얼굴이 행복하게 변하는 모습을 볼 수 있었다. 명상할 때도 음악에 집중하는 모습을 보이기 시작했다. 이런 아이에게 칭찬은 날개를 달아주는 것과 같다. 질책과 비난만 받아보던 아이가 칭찬받으니, 얼굴빛이 달라진다. 행복이 보이지 않던 얼굴에 웃음이 돌아왔다. 아이들과 함께 명상하면서 보람을 느끼는 순간이다.

제자들이 많아지면서 길을 가다 몰라보게 훌쩍 커버린 아이들을 만날 때가 많다. 만나는 녀석마다 제일 먼저 아직도 아이들과 함께 명상하냐고 물어본다. 선생님과 함께했던 명상이 지금도 생각난다고 말한다. 함께 명상한 아이 중에 몇 명이나 어른이 된 후에도 명상하고 있는지 나는 모른다. 그중에 몇 녀석이라도 어른이 된 후에도 명상하고 있다면 성공했다 생각한다. 명상하면 세상을 보는 눈 자체가 달라지기 때문이다. 명상하든 안 하든 그것은 아이들의 몫이라 생각한다. 하지만 알아차리고 비우는 명상의 기본만은 남아 있으리라 생각하며 오늘도 열심히 명상한다.

나는 23년을 학교에 있으면서 아이들과 함께한 명상 덕분에 혜택을 제일 많이 본 사람이다. 아이들의 진심을 볼 수 있는 통찰이 생기게 되었다. 또한 아이들과 소통하게 되었다. 내가 만난 녀석 중에는 마음이 나쁜 아이는 한 명도 없었다. 아이들은 순수하다. 순수한 아이들과 생활하면서 행복하다는 생각을 참 많이도 했다. 따라서 내가 제일 많이 혜택 본 사람이 맞다. 아이들은 함께 명상만 했는데 집중력도 올라가고 소통도 저절로 이루어졌다. 또한 그대로도 괜찮은 자신들을 알게 되고 자신을 사랑하는 마음을 갖게 되었다. 집중력이 올라가니 당연히 학습 효과도 좋아지게 되었다. 따라서 학부모도 좋아하게 되었다. 가정에서 공부하기 전에 명상하고 공부하는 모습을 보았다고 놀랍다고 말하기도 했다. 아이가 차분해졌다고 좋아하기도 했다.

아이들은 잠시도 가만히 있지를 않는다. 그것이 아이들의 습성이다. 하지만 아이들도 혼자 조용히 생각하는 시간이 필요할 때가 있다. 곰곰이 생각하고 정리해야 하는 경우가 종종 생긴다. 차분하지 않은 아이는 조용히 생각하는 시간을 못 견뎌 한다. 그냥 되는대로 대충 생각하다 만다. 명상으로 집중력과 차분한 마음을 갖게 된 아이들은 깊이 생각할 줄 알고 구체적으로 정리할 줄 알게 된다. 또한 자신이 하는 일에 성취감도 느끼게 된다. 명상만 해도 아이들은 달라진다. 아이들과 함께 명상하라. 학급경영, 명상이 답이다.

02 명상만큼 좋은 마음공부는 없다

살아가면서 얼마나 많은 일이 우리를 힘들게 하는가? 많은 아이를 보살펴야 하는 선생님의 스트레스는 만만치가 않다. 더구나 요즘은 아이를 많이 낳지 않다 보니 아이들 하나하나가 모두 귀하다. 그 아이들을 모두 잘 돌보기 위해 선생님들은 많은 스트레스를 받는다. 학부모의 민원으로 마음에 상처받고 치료 중인 선생님들도 다수이다. 스트레스는 만병의 근원이라 하지 않는가? 또한 스트레스는 삶을 통째로 흔들어 버리는 부정적인 힘을 가지고 있다. 사람들은 스트레스를 극복하기 위해 운동도 하고 취미 생활도 하면서 스트레스와 멀어지기 위해 노력한다. 하지만 스트레스는 우리 곁에 붙어서 좀처럼 떨어지지를 않는다.

'피터 레빈'(Peter A. Levine)은 인간이 위험을 느끼는 상황에서 세 가지 반응을 한다고 말했다. 첫째, 상황에 투쟁하는 것이다. 둘째, 상황으로부터 도피한다. 셋째, 아무것도 하지 못한 채 얼어붙는다. (Freezing) '얼어붙기 반응'은 무의식적이고 반사적으로 일어난다. 이 반응은 죽은 척함으로써 위험한 상황을 모면하려는 행위이며, 고통스러운 상황에서 고통을 줄이는 효과가 있다.

위협적인 스트레스 상황이 일어나면 우선 '전전두엽'을 통해 변연계와 시상하부가 자극된다. 한편, 다른 한쪽으로는 시상하부-뇌하수체-부신피질의 연쇄 반응이 순식간에 일어나 코르티솔 등의 자극 호르몬이 방출된다. 또 다른 쪽으로는 시상하부에서 교감신경계를 통해 부신수질을 자극하여 에피네프린과 노르에피네프린을 분비하여 심장박동 및 혈압을 높인다. 그로 인해 몸에 피로감, 식욕감퇴, 통증 등의 스트레스성 반응이 나타난다. 그렇다면 심신에 좋지 않은 스트레스를 덜 받기 위해서는 스트레스 상황을 조금 더 긍정적으로 받아들이면 좋지 않을까?

사람은 태어날 때부터 근본적으로 부정적인 생각을 더 많이 가지고 태어난다. 어떤 학자는 우리가 하는 모든 생각을 10으로 봤을 때 부정적인 생각을 7, 긍정적인 생각을 3 정도로 보기도 했다. 부정적인 생각을 많이 하면 불안해지는 것은 불을 보듯 뻔한 이치다. 반면 긍정적이어야 행복해진다는 사실은 누구나 다 알고 있다. 그렇다면 부정적인 생각을 긍정적인 생각으로 바꾸면 행복해지지 않을까?

이를 바꾸는 방법의 하나가 명상이다. 일단 내가 상황을 부정적으로 보고 있다는 사실을 알아차리는 것이 필요하다. 알아차려야 변화가 온다. 제삼자의 눈으로 나를 보는 작업이 필요하다. 또 다른 나의 입장에서 나를 관찰하게 되면 객관적으로 나를 볼 수 있게 된다. 알아차림은 생각 위에 생각으로 고차원적인 메타 인지 작업이다. 알아차려야 부정적인 상황을 덜 부정적으로 받아들일 수 있다. 명상은 부정적 기분을 해소하고 긍정적 기분이 들게 한다. 즉, 스트레스 상황을 스트레스로 받아들이지 않게 된다.

그럼 명상은 어떻게 긍정적 기분이 들게 하는 것일까? 명상이 스트레스를 감소시켜 긴장이 이완되고 평온하게 만드는 효과는 자율신경계의 조절에서 온다. 자율신경계에는 스트레스 상황에서 투쟁할 것인지 도피할 것인지 조절하는 교감신경계가 있다. 또한 활성화된 교감신경을 안정상태로 다시 조절하는 부교감신경계가 있다. 부교감신경을 자극하면 불안이 감소하고 평온해진다. 이때 호흡은 훌륭한 명상의 도구가 된다. 들이쉬는 숨은 교감신경과, 내쉬는 숨은 부교감신경과 연결이 되어 있다. 따라서 들숨보다 날숨을 천천히 쉬게 되면 이완이 되면서 편안해진다. 명상은 자동 의식이 아니라 알아차리는 수동 의식이다.

우리 주위에는 소소하게 작은 행복을 주는 것들이 많이 있다. 행복은 멀리 있는 것도 아니고 거창한 것도 아니다. '파울로 코엘료'의 소설 『연금술사』에서 양치기 소년은 찬란하고 거창한 자신의 꿈을 찾아 떠난다. 많은 고난과 여러 경험을 겪으며 마침내 고향으로 돌아오면서 깨닫게 된다. 행복은 멀리 있는 것이 아니라 아주 가까운 곳에 평범한 얼굴로 웃고 있다는 것을. 행복은 거창하지도 유별나지도 않다는 사실을 알아차리게 된다.

인간은 자신이 정해 놓은 행복의 기준이 있다고 한다. 아무리 좋은 일도 시간이 지나면 다시 행복 기준점으로 돌아온다고 한다. 사람들이 행복하다고 여기는 결혼도 50의 스트레스 점수를 가지고 있다. 갑자기 행복해지기 위해 무리하다 보니 행복할 줄 알았던 결혼도 스트레스가 되는 것이다. 사람은 좋은 일도 나쁜 일도 적당한 수준에서 행복을 더 느낀다고 한다. 또한 자신의 삶을 통제할 수 있다고 믿는 사람은 환경이나 운명을 믿는 사람보다 스트레스 수준이 낮다고 한다. 즉 외부 통제를 선호하는 사람은 자기효능감이 낮아서 스트레스를 더 많이 받는다. 하지만 자신의 건강한 삶의 자세가 행복을 가져온다고 믿는 사람은 스트레스도 긍정적으로 받아들인다. 따라서 역경도 쉽게 벗어날 수 있다. 결국 문제는 스트레스를 어떻게 받아들이는지가 관건이다.

그럼, 스트레스를 조금 더 긍정적으로 받아들일 방법은 없을까? 스트레스는 알고 보면 그렇게 나쁜 것만은 아니다. 긍정적이든 부정적이든 삶에 대한 반응이라는 것이다. 따라서 스트레스는 우리가 죽을 때까지 함께 가야 할 반응이다. 그렇다면 어쩔 수 없는 스트레스와 좀 친하게 지낼 방법은 없을까? 스트레스를 스트레스로 보지 않는다면 그보다 좋은 방법은 없을 것이다. 마음을 다스리는 방법으로 동양에서는 오랜 세월 명상을 실천해 왔다. 같은 상황을 두고 어떤 사람은 화를 심하게 내고 스트레스를 받는다. 반면 '그럴 수도 있지' 하고 그냥 넘어가는 사람도 있다. 스트레스 상황을 긍정적으로 바라보면 삶은 덜 힘들어질 것이다. 명상은 부정적인 마음을 긍정적으로 변화될 수 있도록 돕는다.

화가 날 때 사람들은 화가 곧 자신인 것처럼 행동한다. 화는 내 몸을 지나가는 나그네에 불과하다. 나그네는 그냥 떠나면 그만인데 나그네가 주인인 것처럼 행동하도록 내버려 둔다. 화가 나면 '내가 화가 났구나.' 하고 알아차려야 한다. 나를 객관적으로 바라보면 상황을 명확하게 볼 수 있다. 그렇게 내가 또 다른 나를 바라보게 되면 누가 주인인지 알게 된다. 화를 손님처럼 그냥 지나가게 할 수 있다.

'잘란루딘 루미'의 시 「여인숙」에서 시인은 우리 마음에 오는 감정들은 모두 나를 위해 오는 손님이라고 표현한다. 어떤 감정이 찾아오든 잘 대하라고 한다. 모든 감정은 나를 위해 온 안내자들이라고 말한다. 나를 알려주기 위해 찾아온 손님이라는 것이다. 나를 정확하게 알아차리는 관찰이 필요하다.

명상하게 되면 무의식적으로 행해지던 생각 및 행동 등을 볼 수 있는 통찰이 생긴다. 따라서 자신의 좋지 못한 습관에서 벗어날 수 있다. 사람들은 걸으면서 몸은 여기 있으나 이미 마음은 목적지에 가 있는 경우가 종종 있다. 또 입은 자동으로 음식을 씹고 있으나 마음은 천 리를 떠도는 행동을 할 때가 있다. 지금, 현재의 알아차림이 필요하다. 지금 여기에서 느낄 수 있는 오감을 충분히 여유를 가지고 느끼자는 것이다. 행복은 과거에 있는 것도 아니고 미래에 있는 것도 아니다. 지금 곁에서 반짝이는 작은 행복의 조각들을 볼 수 있는 마음을 가지자는 것이다. 작은 것에 행복을 느끼는 마음을 가진다면 일상이 행복해지지 않을까? 자신을 알아차리는 명상만큼 좋은 마음공부는 없다. 선생님도 아이들과 함께 명상하라. 명상이 답이다.

03 명상으로 여유를 찾은 아이들

교실은 개성이 강한 아이들이 모이는 곳이다. 요즘 귀하지 않은 아이가 어디 있겠는가? 부모들은 아이들을 최고로 키우기 위해 고군분투한다. 부모들이 생각하는 최고는 공부다. 공부만 잘하면 다른 것은 다 괜찮다고 생각한다. 정말 중요한 것이 무엇인지 놓치고 있는 것을 알지 못한다. 부모로부터 받은 마음의 상처가 아파서 어떻게 해야 할 줄 모르고 허둥대는 아이를 보면 가슴이 아프다. 너무 안타까운 현실이다.

삼월이 되면 올해는 또 어떤 아이들이 나에게 올지 기대가 된다. 아이들은 자신이 귀하다는 사실을 알지 못한다. 잘하지 못한다고 생각해서 항상 기가 죽어있다. 아이들은 모든 것이 처음 해보는 것투성이다. 처음 해보는데 어떻게 잘할 수 있단 말인가? 하지만 그런 어린 시절을 지낸 부모조차 아이들이 처음부터 잘하기를 요구한다. 그러다 보니 아이들은 못하면 비난받을까 봐 미리 겁을 먹고 안주하려 한다.

아이들과 함께 공부할 때 아이들에게 해주는 말이 있는데, '배울 때는 틀려도 괜찮다는 말'이다. 그러면 이상한 눈으로 나를 쳐다본다. '설마 선생님이 틀려도 된다고 말하는 거야?' 하는 눈빛으로 바라본다. 선생님이 되어 단소 연수를 간 적이 있었다. 교수님은 큰 단소와 작은 단소를 가지고 와서 소리 내는 방법을 설명하셨다. 단소는 어른도 소리가 잘 나지 않는다. 모두 열심히 단소를 불었지만 정말 소리가 나지 않는 선생님도 있었다. 그때 교수님은 소리가 나도 좋고 안 나도 좋다고 말씀하셨다. 소리가 날 때는 어떻게 하면 소리가 나는지 알 수 있어서 좋고, 소리가 안 나는 것은 왜 그런지 알아보니까 학습이 일어난다고 하셨다. 맞는 말이다. 틀리면 왜 틀리는지 생각하고 다시 바로잡는 과정에서 학습이 일어난다. 아이들에게 설명하고 틀려도 괜찮다고 말해도 아이들은 설마 하는 눈빛으로 믿지를 않는다. 얼마나 잘하지 못한다고 비난받았으면 그런 마음이 굳어졌는지 안타까울 뿐이었다.

틀려도 당당하게 틀린 부분을 설명할 수 있는 아이들로 교육하고 싶었다. 시간이 걸리기는 했지만 일 년쯤 지나면 아이들은 틀려도 당당하게 이야기하는 아이들로 변해갔다. 못하는 아이가 있는 것이 아니었다. 자신감을 잃어가도록 양육하는 부모와 선생님이 있었을 뿐이다. 자신이 얼마나 많은 능력을 갖추고 있는지 알게 되면서 아이들은 달라지기 시작한다.

처음 선생님이 되었을 때, 마음이 아픈 아이들에게 어떻게 해주어야 하는지 나도 알지 못했다. 명상과 더불어 마음을 공부하기 위해 상담대학원에 진학하게 되었다. 상담을 공부하면서 더 일찍 상담을 알지 못한 것을 후회했다. 먼저 내가 보이고 아이들의 마음이 보이기 시작했다. 아이들과 만난 지 한 달만 되면 아이뿐만 아니라 아이 뒤에 부모도 보이기 시작했다. 안타까운 것은 아이는 변하려고 하는데 부모가 꿈쩍도 하지 않는 경우이다. 사람은 자신을 알아주는 한 사람만 있어도 살아갈 힘을 얻는다고 한다. 아이에게 힘을 줄 단 한 사람이 내가 되었을 때 많은 책임을 느꼈다. 그래도 아이가 사랑과 관심으로 긍정적으로 변화되었을 때 힘들지만 보람을 느낀다. 이때 아이만 힘을 얻는 것은 아니다. 아이러니하게도 나도 아이에게서 살아가는 데 필요한 행복한 힘을 얻는다.

요즘은 교과서에 짝과 함께하는 게임이 많이 나온다. 아이들은 게임만 나오면 하기도 전에 올림픽에 나가는 선수처럼 이기려고 잔뜩 긴장해 있다. 반에 이런저런 아이들이 모이다 보니 특히 게임을 잘 못 하는 아이들도 있기 마련이다. 이런 아이들은 게임 시간을 싫어했다. 해 봐야 질 것이 뻔하기 때문이다. 게임 하기 전, 아이들에게 짝이 잘 못 하면 내가 알고 있는 것을 친절하게 알려주면서 함께 하도록 지도했다. 의외로 아이들은 자신이 알고 있는 것을 친구에게 진지하게 설명했다. 그런 시간이 쌓이다 보니 아이들은 게임에서 지고 이기는 것에 큰 의미를 두지 않게 되었다. 게임이 끝나면 한두 명은 꼭 울고불고하던 풍경이 바뀌게 되었다. 아이들은 마음에 여유가 생기고 게임 자체를 즐기게 되었다.

아이들을 불안하게 만드는 사람은 누구일까? 어른들이라 생각한다. 있는 그대로 인정하고 사랑하지 않고 자꾸 조건을 단다. 불안한 아이들이 자신의 꿈을 제대로 펼치지 못하게 한다. 어떻게 모든 것을 잘할 수 있단 말인가? 불가능한 일을 아이에게 요구한다. 불가능하다는 것조차 모르고 아이들을 재촉한다. 아이들은 스트레스 속에서 점점 빛을 잃어간다. 학교에서나마 쉴 수 있도록 아이들과 함께 명상하라.

명상하면 잡념이 줄고 집중력이 올라간다. 뇌파가 차분해지니까 그럴 수밖에 없다. 함께 명상하면 아이들의 차분한 뇌파가 서로 공유되어 편안해진다. 해마다 우리 반은 차분한 반이라며 전담 선생님들이 공개수업에 우리 반을 단골로 선택했다. 아이들도 선생님들의 칭찬에 뿌듯해했다. 다른 반 아이들에게 "우리 반은 명상한다."라고 자랑스럽게 이야기하기도 했다. 옆 반 아이들이 "우리도 명상해 주세요."라고 신청하기도 했다. 무엇보다 아이들의 불안이 줄고 행복해하는 얼굴을 볼 수 있어서 나도 행복했다.

언제인가 우리 반에 자폐가 있는 아이가 있었다. 수업은 잘 따라오지 못했지만, 그 아이는 놀라운 능력을 지니고 있었다. 그림을 너무나도 정교하게 잘 그렸다. 아이들도 그 친구가 그린 그림을 보며 놀라움을 금치 못했다. 그 아이는 그림을 그리는 방법부터 남달랐다. 한 번은 가을이라 과일이 담겨 있는 바구니를 그리는데 밑에서부터 거꾸로 그림을 그렸다. 처음에는 무엇을 그리는지 잘 몰랐는데 나중에 보니 거꾸로 그리며 올라오고 있었다. 집중력도 좋아서 그림을 그리거나 색칠할 때면 다른 아이들이 따라갈 수 없을 정도로 정교하게 그렸다. 나는 아이들에게 사람은 발달단계가 다 다르다며, 이 아이의 그림 능력은 일찍 발달됐지만 다른 곳은 천천히 발달되는 중이니까 친구들이 기다려 주고 도와주어야 한다고 말했다. 아이들은 서로 그 친구의 부족한 부분을 도와주고 기다려 주려 노력했다. 그렇게 1년을 재미있게 지냈던 기억이 있다. 아이들은 명상하면서 다름을 인정하게 되었고, 더불어 살아가는 마음도 함께 자라는 모습을 보여주었다.

아이들은 모두 다른 보석이다. 지금 보이는 아이의 모습이 그 아이의 전부는 아니다. 멀리 내다보고 아이들이 커서 자신만의 빛을 내는 보석이 될 수 있도록 선생님은 도와주어야 한다. 자신을 펼칠 수 있도록 격려해 주어야 한다. 자신을 사랑할 수 있는 여유가 있을 때 남도 사랑할 수 있다. 함께 명상하라. 교실에서의 명상은 함께 행복할 수 있는 최고의 선택이다.

04 별처럼 빛나는 아이들의 자존감

자존감은 부모가 아이에게 줄 수 있는 최고의 선물이다. 선생님도 물론 줄 수 있지만, 부모가 주는 자존감과는 다르다. 자존감은 부모가 있는 그대로 아이를 존중해 주고 조건 없이 인정하고 사랑해 줄 때 비로소 얻어지는 마음이다. 부모에게 매일 욕을 먹고 무시당하는 아이가 자신을 귀하다고 여길까? 그런 아이들은 때로 공부는 잘할지 모르지만, 자존감은 바닥이고 순간순간이 불안해 보인다. 친구와의 관계도 원만하지 못하여 갈등을 일으키는 경우가 종종 있다.

하루하루 긴장하며 사는 아이들을 보면 자신을 알지 못하는 경우가 많다. 부모가 기대하는 공부를 못 한다고 생각하여 잔뜩 주눅 들어있다. 또한 자신이 얼마나 능력 있는 존재인지 알지 못한다. 학교에서 선생님은 아이들의 가능성을 발견할 수 있도록 돕는 사람이기도 하다. 어떻게 자신들을 알아차리는지 이끌어 주어야 한다. 아이들은 함께 명상하면서 자신들을 들여다보기 시작했다. 혼란스러워 잘 알지 못했던 감정도 알게 되었다. 자신의 장점도 발견하게 되었다. 또한 자신이 지구상에 단 하나밖에 없는 소중한 존재라는 사실을 알아차리게 되었다. 아이들은 눈빛부터 달라지기 시작했다. 어렵다고 포기했던 일에 자신감을 가지고 도전하는 모습을 보이기도 했다. 성취감을 느끼게 되면서 학습에 대한 태도도 달라지기 시작했다. 그런 아이들을 보면서 가슴 뭉클한 순간이 한두 번이 아니었다. '이렇게 가능성이 많은 우리의 아이들인데 교사로서 좀 더 잘 이끌어 주어야 하지 않을까?' 하는 책임감이 들기도 했다.

4학년 담임 때 만난 주석이는 처음 발표를 시키자 울었다. 깜짝 놀라서 왜 우느냐고 물어보니 자기는 한 번도 발표해 본 적이 없다며 울었다. 괜찮으니 울지 않아도 된다고 다독였다. 많은 아이가 자신이 발표하면 다른 아이들이 뭐라고 생각할지, 또 틀리면 어떻게 하나 걱정되어 발표하기를 꺼린다. 아이들에게 요즘은 정답이 하나만 정해져 있지 않고 다양한 생각이 답이라고 말해 주었다. 아이들을 기다려 주며 자신감 있게 의견을 발표하도록 꾸준히 격려했다.

발표뿐만 아니라 아이들의 꿈을 확인할 때도 극장 스크린에 꿈이 이루어진 모습을 생생하게 상상해 보라고 하며 자신감을 느끼는 명상을 시켰다. 발표 때문에 울었던 주석이에게는 선생님을 믿고 따라오면 발표를 잘하게 도와줄 수 있다고 말했다. 다행히 주석이는 그렇게 하겠다고 했다. 다음에 발표시켰을 때 녀석은 개미만큼 작은 목소리로 발표했다. 잘했다고 다음에는 조금만 소리를 크게 해 보자고 독려했다. 그렇게 몇 개월이 지나자, 주석이는 발표 왕이 되어 있었다.

4학년 학기 말이 되어 5학년 전교 부회장을 뽑는 선거가 있었다. 이 전교 선거에 우리 반에서 17명이 후보로 나왔다. 교장 선생님이 무언가 잘못된 것 아니냐며 깜짝 놀라는 일이 벌어졌다. 17명 중에는 발표시켰을 때 울었던 주석이도 포함되어 있었다. 아이들은 TV로 하는 소견 발표를 당당하게 해냈다. 소견 발표 후, 아이들은 선거 홍보용 벽보를 전문 제작하는 곳에서 근사하게 벽보를 만들어 선거에 열을 올렸다. 그중에 형편이 안 되는 아이들은 손수 그려서 만든 벽보로 선거에 참여했다. 손수 그린 벽보를 붙이고도 기죽지 않고 당당하게 선거에 참여하는 아이들의 모습이 감동적이었다. 누구보다 자존감이 반짝이는 순간이었다. 당선되는 아이는 소수지만 그 과정을 통하여 아이들은 공부보다 값진 무언가를 배우고 있었다. 정말 가슴 뿌듯한 장면이었다. 다른 선생님들은 어떻게 교육했길래 후보가 그렇게 많이 나왔냐며 신기해했다. 그 힘이 함께한 자신감 명상의 힘이라는 것을 우리 반은 다 알고 있었다. 이렇게 우리 아이들은 누구나 다 능력을 지니고 있다. 다만 그 능력을 제대로 펼치지 못할 뿐이다. 능력을 펼치는 방법을 모를 뿐이다.

아이들은 겉으로 보이지는 않지만, 마음이 잘하는 것은 잘하는 것으로 여기지 않는다. 눈으로 결과가 확실하게 보이지 않으니 장점으로 여기지 않는다. 아이들과 자신의 장점을 찾는 시간을 가졌다. 장점은 아주 잘하는 것이 아니라 내가 자신 있게 할 수 있는 것이라면 작은 것도 장점이 될 수 있다고 설명해 주었다. 포스트잇에 자신의 장점을 써서 몸에 붙이고 교실을 돌아다니며 친구의 장점도 써서 몸에 붙여주게 했다. 처음에는 한두 가지의 장점도 못 쓰던 아이들이 시간이 지나자 많은 장점을 쓸 수 있게 되었다. 또한 친구가 써주는 자신의 장점을 보고 '내가 이런 것을 잘하고 있었네!' 하며 자신을 알아가기도 했다. 활동하고 나서 아이들은 자신감을 느끼게 되었고 못 한다고 생각했던 것에도 도전해 보겠다고 했다. 아이들과 함께 자신을 사랑하는 '사랑해 명상'과 '자신감 명상'을 자주 하고 자신을 알아차리도록 독려했다.

아이들은 그동안 소홀히 한 자신에게 미안하다고 하기도 하고 자신이 할 줄 아는 것이 이렇게 많은 줄 몰랐다고 말하기도 했다. 학교에서 아이들과 함께 명상하면서 자신들이 얼마나 능력이 있고 소중한 사람인지 알려주려고 노력했다. 아이들은 점점 자신감을 느끼고 도전하는 자세로 변화되었고, 그 모습을 보면서 혼자 뿌듯한 마음이 들기도 했다.

공부는 잘하지 못하지만, 마음이 반짝이는 친구가 있었다. 어느 날 교실 문으로 장난치던 친구의 장난에 그만 손가락이 끼이는 사고를 당했다. 들어오려고 문을 여는 순간 문을 닫아 버린 것이다. 문에 낀 아이의 손은 골절되었고 수술받아야 했다. 다친 친구는 아프고 정신없는 와중에서도 친구의 사과를 짜증 한번 내지 않고 받아 주었다. 더 놀란 것은 아이가 부모에게 한 말이었다. 친구로부터 사과받았으니 그 친구에게 뭐라고 하지 말라고 말한 것이다. 부모의 태도도 너무 훌륭했다. 자녀가 다쳐서 얼마나 속상하고 화가 나겠는가? 하지만 아이의 의견을 존중해서 더 이상 그 사건에 관해 이야기하지 않겠다고 말씀하셨다. 자존감이 반짝이는 아이 뒤에 자존감을 키워준 인성이 훌륭한 부모가 있었다. 오랜만에 부모다운 부모를 만나서 감동이었다.

아이들의 지도는 가정과 연계하여 지도할 때 빛을 발한다. 학교에서는 선생님이, 가정에서는 부모님이 함께 지도하면 아이들은 변화하기 시작한다. 학년이 끝날 무렵에는 몰라보게 달라진 아이의 모습을 만날 때가 종종 있다. 아이들은 일 년이 지나고 새 학년으로 진급할 때가 되면 집에서도 부모님과 함께 명상했으면 좋겠다고 말한다. 공부보다 더 중요한 것이 높은 자존감이라는 것을 부모가 알아차렸으면 좋겠다. 명상은 사람들이 생각하는 것만큼 어렵지 않다. 알아차리면 일상이 명상이다. 함께 명상하라. 아이들의 자존감이 반짝반짝 빛날 것이다.

05 명상, 수업에 날개를 달다

우리가 알만한 유명한 사람들도 명상을 즐겨 한다는 사실이 방송으로 보도된 적이 있었다. 명상은 우리가 생각하는 것만큼 형식이 복잡하지 않다. 알아차리고 바라보면 무엇이든 명상이 된다. 빌 게이츠는 저녁마다 설거지를 쌓아놓고 설거지하며 명상한다고 한다. 또 '틱낫한 스님'은 "설거지를 위해서 설거지하라."라고 말한다. 즉 어떤 일이라도 그 일에 집중하여 현재를 알아차리라는 것이다. 설거지하면서 그다음에는 무엇을 할지 생각은 먼저 다른 일에 가 있고 설거지는 대충 하지 말라는 것이다. 어디 설거지뿐이겠는가? 자전거를 타면서, 마트를 걸어가면서, 음식을 먹으면서 지금 하는 행위에 집중하고 오감으로 알아차리라는 것이다. 이것이 명상이다. 오롯이 지금 하는 일에 몰입하면 집중력이 올라가는 이유이기도 하다.

아이들도 마찬가지이다. 집중되지 않는 아이는 수업 내내 듣기보다는 무엇인가 만지고 딴짓한다. 그러니 공부가 머리에 들어오겠는가. 손은 제2의 뇌라고도 부른다. 우리는 오만 것들을 손으로 해결한다. 책상에 무엇인가가 나와 있으면 호기심이 일어서 손은 그것을 만지게 된다. 선생님의 이야기는 한 귀로 들어와 한 귀로 나가게 되고 집중력은 분산된다. 국어를 할 때는 국어 수업에 집중하고 수학을 할 때는 수학에 집중하는 자세가 필요하다. 집중력을 기르는 데 명상만큼 좋은 도구는 없다. 명상하면 집중력이 저절로 올라간다. 따라서 아이들의 학습 능력이 올라가는 것은 이상한 일이 아니다.

내가 담임했던 아이들은 모두 시를 잘 썼다. 명상으로 자신이 겪은 일을 상상해 보고 시를 쓰게 했더니 모두 살아 있는 자신의 이야기를 썼다. '시'는 멋지게 써야 한다는 고정 관념을 가지고 있으니 자꾸 다른 사람의 경험을 내 것처럼 쓰려고 했다. 그래서 재미가 없었다. 처음에는 시를 쓰자고 했더니 어려워서 어떻게 쓰느냐고 툴툴거렸다. 그랬던 아이들이 자신들이 쓴 시를 시화로 만들어 게시판에 붙여 놓고 작품을 보는 내내 뿌듯해 했다. 다음부터는 시간만 나면 시를 쓰자고 먼저 이야기하게 되었다. 아이들은 정말 자신의 이야기를 잘 쓰는 시인이 되어 있었다. 아이들의 능력은 무궁무진하다. 교사는 아이들의 무한한 능력을 꺼낼 수 있게 도와주어야 한다.

학부모 공개수업이 있던 날, 아이들과 함께 명상으로 상상하고 '시'

쓰는 수업을 하게 되었다. 아이들은 모두 눈을 감고 명상음악을 들으며 차분하게 수업을 시작했다. 아이들이 자신의 시를 발표할 때 부모님들은 박수로 아이들을 칭찬했다. 명상이 이렇게 수업에 훌륭하게 활용될 줄은 몰랐다며 수업 내내 흡족해했다. 그래서 나는 학교에서 명상 선생님으로 통하게 되었다.

명상은 여러 수업에 요긴하게 사용된다. 건포도 몇 알을 오감으로 관찰하면서 먹는 먹기 명상은 음식이 어떻게 나에게 오게 되었는지 생각하게 하며 음식이 귀함을 알게 한다. 음식을 많이 남기는 아이들의 급식지도에도 좋은 방법이다. 또한 체육 시간에 몸을 움직이며 노는 것도 춤 명상으로 아이들의 스트레스를 풀어주기 좋다. 아이들이 피곤한 오후 강당에 누워서 하는 '누워서 명상'은 아이들에게 최고의 명상으로 사랑을 받았다. 누워서 지금 여기에서 몸의 감각을 알아차리고 소중한 나의 몸 구석구석을 여행하는 명상이다. 명상은 아이들에게 놀이로 다가가면 더 좋다. 어떤 놀이든 다 적용이 가능하다. 신나게 놀고 차분하게 알아차리는 명상은 아이들을 놀 때는 놀고 공부할 때는 공부하게 만든다. 명상만큼 좋은 수업의 도구는 없다.

아이들과 학교의 꽃밭을 걸으며 '걷기 명상'을 한 적이 있다. 아이들은 아침저녁으로 무심히 지나치던 꽃밭에 무슨 꽃이 피어 있는지 관심이 없었다. 관심을 두고 보지 않으니 꽃들이 눈에 들어오지 않았다. 명상을 하자 아이들이 달라졌다. 아이들은 침묵한 채 걷는 걸음에 집중했다. 꽃밭에 피어 있는 꽃과 이야기도 나누고, 파란 하늘을 보고 걸으며 행복해했다. 꽃밭에 그렇게 다양한 꽃이 피어 있는지 몰랐다고 말하기도 했다. 하늘에 떠 있는 구름이 너무 예쁘다고도 말했다. 오감은 알아차리지 않으면 느끼기도 전에 사라진다. 현재에서 오롯이 바라보고 느끼는 연습이 필요하다.

요즘 아이들은 할 것이 많다. 학교에서 공부가 끝나면 쉴 시간도 없이 학원으로 간다. 여유도 없이 하는 공부가 아이들의 학습 능력을 향상해 줄까? 학교에서도 하기 싫은 공부를 하느라 집중이 안 되는데 학원 간다고 그 아이들이 열심히 할 것 같지는 않다. 아이들은 행복해야 하는데 점점 행복하지 않은 얼굴들이 늘어간다. 공부를 잘해야지만 행복한 것은 아닌데 아이들은 공부를 잘하지 못하면 행복할 권리가 없는 것처럼 생각한다. 아이들과 함께 행복한 때로 돌아가 행복을 그 순간처럼 다시 오감으로 느껴보는 '행복 명상'을 해 보았다.

행복해지려면 행복했던 때를 상상만 해도 행복해진다. 아이들에게 행복했던 때를 말하라고 하니까 없다고 말해서 큰 충격을 받은 적이 있다. 사실 행복했던 적이 없는 게 아니다. 어른이나 아이들이나 행복은 아주 크고 거창하다고 생각해서 큰 행복만 찾으니 없다고 말하는 것이다. 행복은 멀리 있는 것이 아니다. 평범한 얼굴로 우리 곁에 있다. 건강하게 걸어 다니는 다리가 있다는 것도, 함께 놀 친구가 옆에 있는 것도 모두 행복이라는 것을 알려주었다. 작은 것에서 행복을 볼 줄 아는 방법을 알려주고 행복도 노력해야 한다는 사실도 알려주었다. 순수한 아이들은 달라지기 시작했다. 이른 봄, 돌 틈에 핀 노란 민들레를 볼 줄 아는 눈을 갖게 되었다.

아이들과 함께 먹는 급식 시간, 선생님에게는 그야말로 밥이 어디로 들어가는지 모르는 시간이다. 아이들은 먼저 먹으려고 난리를 치고 자리에 잘 앉아 있지도 않는다. 요즘은 우리나라도 많은 사람이 외국으로 여행을 나간다. 어떤 식당에서는 한국 사람 들어오지 말라고 써 붙여 놓은 곳도 있다는 말을 들었다. 조용히 먹어야 하는 식당에서 우리나라 사람들이 다른 사람을 안중에 두지 않은 채 크게 떠들고 질서를 지키지 않기 때문이다. 우리 반은 급식 시간을 교실에 음악이 흐르는 레스토랑이 될 수 있도록 만들자고 했다. 아이들은 음악을 들으며 급식 당번이 식사 준비를 하는 동안 자리에서 조용히 기다렸다. 차례를 지켜 음식을 받을 때도 크게 말하지 않고 조용조용 말하기 시작했다. 명상음악을 들으며 천천히 음식 맛을 음미하며 먹도록 했다. 교실에서 식사 예절을 배울 수 있도록 지도했다. 아이들은 음식을 먹으며 음식의 소중함을 알고 밥과 반

찬도 남기지 않으려고 노력하는 모습으로 변화되어 갔다.

학교에서의 명상은 모든 수업과 생활지도 및 인성 지도에 활용할 수 있다. 하루를 시작하는 아침, 음악 명상으로 하루를 연다. 차분해진 아이들은 뛰지 않게 된다. 기분이 상하면 친구에게 '나 전달법'으로 감정도 표현할 줄 알게 된다. 친구 사이에 갈등이 줄고 남을 배려하는 마음이 생기게 된다. 세상은 더불어 살아가는 아름다운 곳이라고 느끼게도 된다. 함께하는 명상 시간이 쌓이면 자신의 의견을 당당하게 전하고, 친구의 의견도 받아 주는 여유도 생긴다. 이 모든 변화가 하루아침에 이루어지지는 않는다. 1년 내내 함께 명상하고 함께 노력해야 가능하다. 아이들과 함께 의견을 묻고 주고받는 만들어 가는 교실이 되어간다. 서로 이해하고 존중하는 문화가 생겨난다. 생활 자체가 명상이 된다.

명상은 어떤 활동에 적용해도 효과가 있다. 놀 때는 신나게 놀고 명상으로 정리하면 마무리가 잘된다. 아이들은 놀이의 마무리를 명상으로 하니까 흥분되었던 마음이 차분하게 가라앉는다고 말한다. 1년 정도 명상하다 보니 스스로 자신이 집중력이 늘었는지 흥분을 조절하게 되었는지 알아차리게 되는 것이다. 많은 아이가 마음이 편안해졌다고 말했다. 자신을 알아차리는 것은 대단히 중요하다. 아이들이 잘 알지 못했던 자신을 알아차리는 모습이 너무 대견스러웠다. 알아차리고 표현하고 조정하는 아이들의 변화가 너무 보기 좋았다. 아이들과 함께 명상하라. 선생님이나 아이들 모두 자신이 먼저 변화하게 될 것이다. 명상이 답이다. 아이들과 함께 명상하라.

06 학급경영 명상이 답이다

나는 선생님이 되려면 꼭 나와야 하는 교대에 나오지 못했다. 아버지가 일찍 돌아가셔서 대학에 간다는 것은 꿈도 꾸지 못하고 살았다. 꿈꾸지 못하는 삶은 살아도 죽은 삶이다. 그래도 아버지가 가신 교직의 길을 가겠다는 실오라기 같은 희망의 끈을 놓지 않고 살았기에 선생님이 되었다. 그만큼 꿈은 소중하다. 남들은 일찌감치 되는 선생님을 긴 시간을 돌고 돌아서 불혹의 나이, 40세에 선생님이 되었다. 지금 와 생각하면 선생님이 된 것은 모두 명상 덕분이었다.

지루하고 똑같은, 출구가 보이지 않는 날들을 살아가고 있을 때 친구의 손에 이끌려 간 곳이 마인드컨트롤을 연수하는 곳이었다. 그날이 내 인생에 전환점이 되었다는 것을 먼 훗날 알게 되었다. 사람이 자신의 마음을 조절할 수 있다는 사실은 너무도 내게 매력적으로 다가왔다. 또한 꿈이 이루어진 모습을 간절히 바라고 상상하면 이루어진다는 것도 큰 희망이 되었다. 선생님이 되기 위해 교사자격증을 공부하면서 교단에서 아이들을 가르치는 내 모습을 얼마나 상상했는지 모른다. 그때 가슴은 설레고 마음은 이미 선생님이 된 것처럼 뛰었다. 가슴이 뛰지 않는 꿈은 죽은 꿈이다. 명상하면서 미래의 내 모습을 확인하고 자신감을 키웠다. 명상하고 하는 공부는 집중도 잘되고 내용이 머릿속에 쏙쏙 들어왔다.

시험을 보러 갈 때도 마찬가지였다. 명상하며 합격하는 모습을 상상하고 좋은 에너지를 마음에 가득 담고 시험을 보러 갔다. 결과는 생각 외로 너무 좋았다. 그러면서 '나는 왜 이렇게 남들보다 가진 것이 없고 불행하지?'라고 생각했던 마음이 바뀌기 시작했다. 나를 알아차리고 보니까 괜찮은 모습이 보이기 시작했다. 남들보다 잘하는 것도 보이고 그동안 해 왔던 고생들이 헛된 시간이 아니라 좋은 자원이 될 수도 있다는 사실을 깨닫게 되었다.

40세, 초임 발령을 받고 아이들을 만나면서 경험도 없는 내가 할 수 있던 것은 아이들과 함께하는 명상이었다. 처음 만난 6학년 아이들과 명상으로 공부하고, 생활지도하고, 명상으로 시를 짓고 소통했다. 너무나 고맙게도 명상은 아이들과 나를 잇는 소통의 도구로써 활용하기에 부족함이 없었다. 초임 시절 만났던 그 아이들의 맑은 눈동자를 지금도 잊을 수가 없다. 명상은 아이들과 더 가까이 갈 수 있도록 나에게 힘이 되어준 고마운 도구였다.

초임 시절 5년 동안은 전 교사를 대상으로 1년에 한 번 공개수업을 하게 되어 있다. 나이도 많고 교대도 나오지 않은 내가 다른 교사들 앞에서 수업을 공개한다는 것은 그리 쉬운 것만은 아니었다. '나보다 더 많이 배운 선생님들이 뭐라고 생각할까?'라는 자격지심이 들어서 많이 위축되기도 했다.

발령받고 다음 해인가 1학년 담임을 하게 되었다. 고학년도 쉽지는 않지만, 1학년을 데리고 공개수업을 한 번도 해 보지 않은 내가 이리 뛰고 저리 뛰는 아이들을 데리고 수업해야 한다는 것이 큰 부담으로 다가왔다. 아이들을 명상으로 차분하게 이끌고 생활지도를 하였다. 그때가 가을이었는데 낙엽을 소재로 수업하게 되었다. 아이들을 명상하면서 숲속으로 이끈 뒤, 숲속을 걸으며 낙엽 밟는 소리를 들어보게 하고 낙엽의 냄새도 맡아보고 나무를 안아보게도 이끌었다. 가끔은 멈춰 서서 푸른 하늘을 올려다보고 물소리도 들어보게 했다. 상상으로 '숲 명상'을 함께 했다. 그러고 나서 아이들에게 낙엽에서 어떤 냄새가 나는지 질문했다. 기대도 안 했는데 아이들은 놀라운 경험을 이야기했다. "인삼 냄새가 나요.", "커피 냄새가 나요.", "나무 냄새가 나요." 등, 다양한 이야기가 나왔다. 명상 후 나뭇잎을 붙이고 자신의 느낀 점을 간단하게 쓰고 발표하는 수업을 하게 되었다. 그날 수업은 참관하러 온 선생님들뿐만 아니라 수업을 한 나도 깜짝 놀랄 만큼 효과적이었다. 그러고는 교감 선생님으로부터 "나는 이렇게 수업 잘하는 선생님은 본 적이 없다."라는 극찬을 받게 되었다. 교대도 나오지 않은 내가 이렇게 칭찬을 받아도 되나 싶을 정도로 너무 많은 긍정적 피드백을 받았다. 수업에서 긍정적 피드백을 받은 것은 명상을 잘한 아이들의 덕분이라 생각한다. 다만 명상은 고학년, 저학년 모두에게 효과적이라는 사실을 알게 되었다. 그리고 나도 누구보다 잘할 수 있다는 자신감을 가지게 되었다.

23년 동안 학교에 있으면서 나는 매년 만나는 아이들에게 명상을 가르쳤다. 내가 만난 아이들 중에 한 명도 나를 힘들게 하는 아이는 없었다. 다만 마음이 아픈 아이들이 있었을 뿐이다. 그 아픈 마음을 명상으로 조금이나마 치유하고 행복하게 지내도록 아이들과 함께했다. 안타까운 것은 아이들의 가정에서 벌어지는 일들을 도와주지 못할 때 너무 가슴이 아팠다. 부모가 다행히 선생님의 이야기를 듣고 받아 주면 아이의 교육 환경은 좋아진다. 하지만 다수의 부모가 아이를 자신의 소유물로 생각하고 있었다. 알아서 키운다며 선생님의 이야기를 듣지 않았다. 너무나 안타까운 현실이다.

마음을 다스리는 방법은 많다. 하지만 아이들과 함께할 수 있는 도구는 그리 많지 않다. 많은 사람이 알아차리고 비우고 내려놓을 때 행복이 온다는 사실을 알지 못한다. 알아도 너무 어렵다고 생각한다. 명상은 우리의 일상이며 어렵지 않다. 멀리 가 있는 생각을 지금, 다시 시작하는 것이다. 과거도 미래도 현재 없이는 아무런 가치가 없다. 오늘을 행복하게 아이들과 잘 지내라고 말하고 싶다. 명상만큼 좋은 마음공부는 없다.

명상을 공부하는 선생님은 아이들과 함께 성장한다. 알아차리는 것부터 해보자. 오늘 어떤 감정 상태인지, 화가 나면 화가 나는 나를 관찰해보라. 걸어가면서 발은 어떤 감각을 느끼는지, 밥을 먹으며 내 입은 무엇을 느끼고 있는지, 지금 일어나고 있는 감정부터 알아차려 보자. 선생님도 마음공부를 시작하라. 내 마음이 보이고 아이들의 마음이 보일 것이다. 통찰이 일어날 것이다. 소중한 아이들과 소통이 일어나며 순수한 마음이 보이기 시작할 것이다. 아이들만 성장하는 것이 아니다. 명상하는 선생님 아이들과 함께 성장한다. 학급경영, 명상이 답이다.

⁂ 연습도 명상이다

1, 2, 3장에서 명상에 대해 알아보았다. 자, 이제 명상에 대해 조금은 감이 오지 않는가? 복식호흡은 어떻게 하는지, 또 명상이 내 몸과 마음에 어떤 변화를 불러오는지 알아차렸을 것이다. 본격적인 명상의 활동에 들어가기 전에 배운 내용을 다시 한번 정리해 보자. 머리로 알았으니, 몸으로 따라 해 보자. 뇌는 선명한 이미지를 좋아한다. 그림을 보고 따라 해 보자. 처음부터 잘하려고 하지 말고 내 몸이 허락하는 만큼 천천히 하자. 순간순간 현재를 알아차리고 나를 관찰하자. 명상은 하는 행위도 중요하지만, 과정 하나하나를 세분해서 느껴보는 것이 더 의미가 있다. 명상을 시작하려는 마음을 가졌다면 이미 명상은 시작되었다. 명상은 과정도 명상이니까.

<복식호흡>

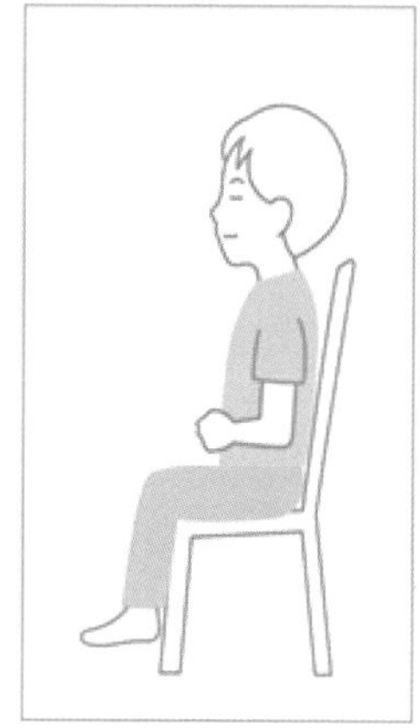

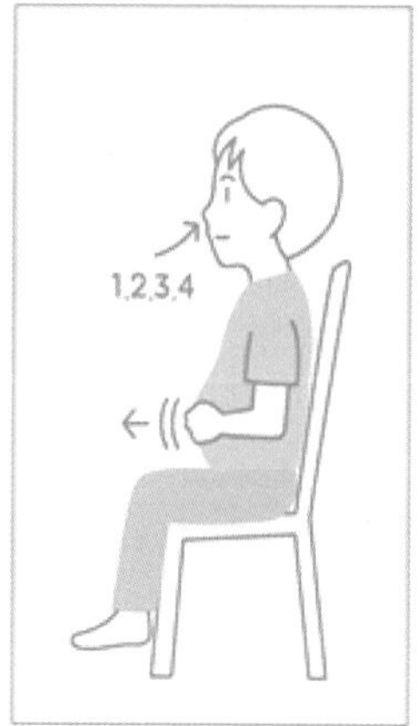

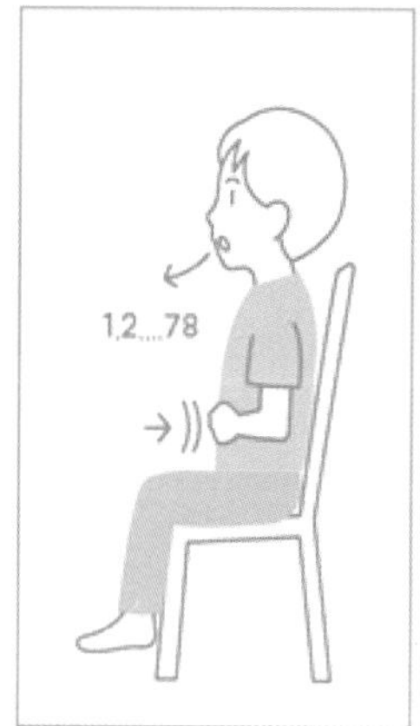

1단계: • 되도록 느슨한 옷차림으로 편안한 자세로 앉아서 눈을 살짝 감거나 반만 뜬다.

• 두 손은 살짝 포개어 배꼽 아래에 올려놓는다.

2단계: • 코로 들이마시는 숨에 아랫배에 공기를 가득 불어 넣어 배가 풍선처럼 부풀어 오르게 한다. (손의 감각으로 배가 올라감을 느껴본다.)

• 숨을 내보낼 때는 입으로 풍선에서 공기가 빠지듯이 천천히 내보낸다. (손의 감각으로 배가 홀쭉해지는 것을 느껴본다.)

3단계: • 연습할 때는 코로 들숨에 하나, 둘, 셋, 넷 숫자를 붙이며 천천히 들이쉬고, 날숨에 입으로 하나부터 여덟까지 숫자를 세면서 천천히 숨을 내보낸다.

• 호흡이 익숙해지면 숫자를 붙이지 않고 숨을 들이쉬고 내쉰다.

• 손은 양 무릎 위에 살며시 올려놓는다.

〈사랑해 명상〉

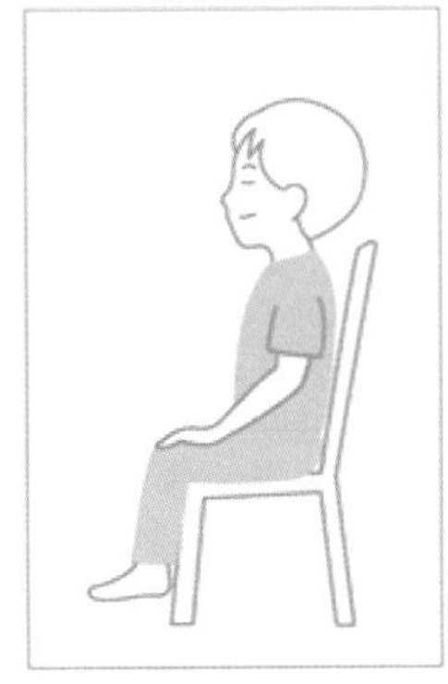
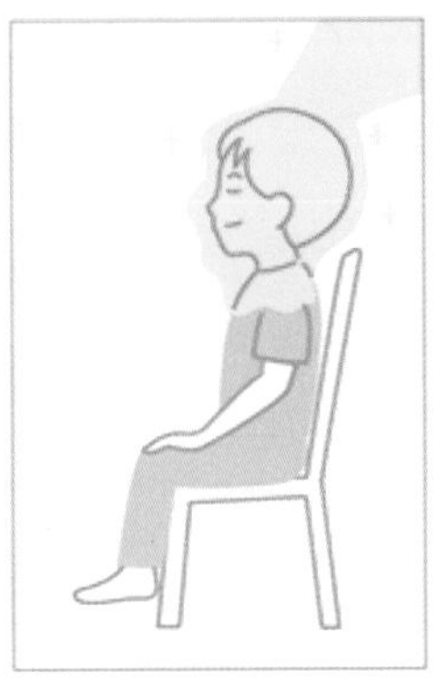

1단계: • 편안한 자세로 앉는다.

• 머리는 똑바로 앞을 향하고 눈은 살짝 감는다.

2단계: • 명상음악을 들으면서 심신을 편안하게 이완한다.

• 포근하고 노란 황금빛이 정수리에 있는 문을 통하여 내 몸속으로 천천히 들어옴을 느껴본다.

• 내 몸이 따뜻한 황금빛으로 채워지며, 몸에 있는 탁한 기운, 불안한 마음을 회색 구름처럼 모아 몸 밖으로 내보낸다.

(마음의 눈으로 시각화한다.)

• 내 몸속이 따뜻하고 노란 황금빛 에너지로 가득 차는 것을 느껴본다.

• 나를 두 팔로 감싸 안으며 정성스럽게 말합니다.

‘나는 (내)가 좋습니다.’

‘나는 (내)가 정말 좋습니다.’

‘나는 (나)를 사랑합니다.’

‘나는 정말 행복합니다.’

‘사랑해!’

‘사랑해!’

‘사랑해!’

…….

행복한 마음으로 명상을 끝냅니다.

※ ( )안에 친구, 가족, 이웃 등 다른 사람의 이름을 넣어서 활용할 수 있다.

〈음악 명상〉

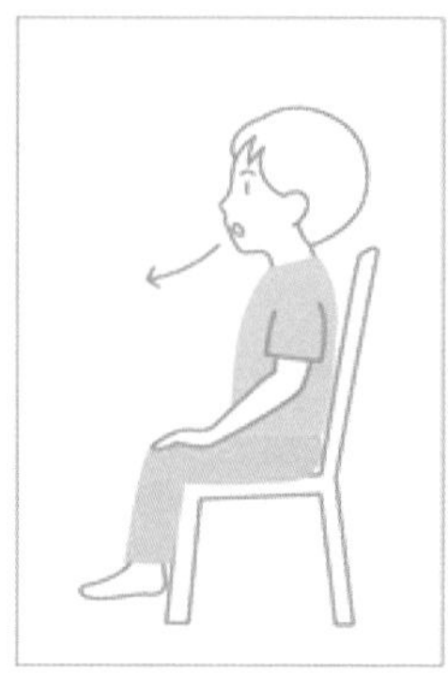

1단계: • 자세를 편안하게 앉는다. 머리는 곧게 앞을 향하고 눈은 살짝 감는다.

2단계: • 코로 숨을 들이마시고 입으로 길게 뱉는다. 3번 반복한다.

3단계: • 명상음악을 들으면서 온몸을 편안하게 이완한다.

4단계: • 마음에 잡념이 생기면 자연스럽게 생각이 흘러가도록 한다.

※ 음악 명상은 언제 어디서든 '삼 분 명상'으로 활용이 가능하다. 또한 10분 이상 들으면 음악 명상만으로도 활용할 수 있다.

〈행복 명상〉

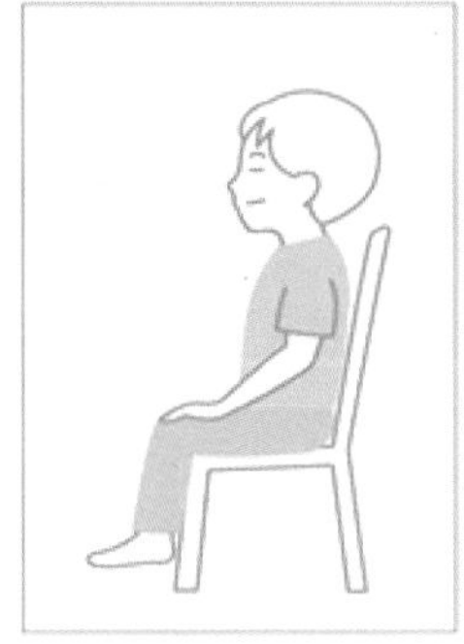

1단계: • 편안한 자세로 앉는다. 머리는 곧게 앞을 향하고 눈은 살짝 감는다.

2단계: • 명상음악을 들으면서 온몸을 편안하게 이완한다.

3단계: • 진행자의 안내 말에 따라 상상으로 행복했던 장소나 장면으로 이동하여 여행을 떠난다.

(여행하는 동안 오감을 사용하여 느끼고, 듣고, 만지고, 냄새 맡고, 마음의 눈으로 바라본다.)

〈'바닷가 명상' 진행자 멘트 예시〉

- 나는 지금 꽃들이 피어 있는 바닷가 벤치에 앉아 있습니다.
- 따사로운 햇볕이 따뜻하게 나를 비추고 멀리 보이는 푸른 바다는 너무 평화롭습니다.

- 잔잔한 파도 소리가 자장가처럼 귓가에 들립니다.
  (파도의 소리를 들어 보십시오.)
- 부드러운 바람이 내 뺨을 스치며 지나갑니다.
  (바람의 부드러운 손길을 느껴 보십시오.)
- 파란 하늘에는 흰 구름이 천천히 평화롭게 흘러갑니다.
  (하늘의 구름을 바라봅니다.)
- 이따금 멀리서 들려오는 아이들의 해맑은 웃음소리, 갈매기 소리가 귓가에 들립니다.
- 따사로운 햇살은 나를 포근히 감싸줍니다.
- 아! 나는 아주 평화롭습니다.
- 아! 나는 정말 편안합니다.
- 아! 나는 너무너무 행복합니다.
- 편안하고 행복한 마음을 온몸으로 오래오래 느껴보십시오.

- 명상이 끝나면 천천히 눈을 뜨고 교실로 돌아옵니다.

※ 계절에 따라, 장소에 따라 '꽃 명상', '숲 명상', '비 명상' 등, 안내하는 말을 달리하여 활용할 수 있다.

실습 워크북

4장

선생님과 함께하는 슬기로운 명상 생활

01 친구야 만나서 반가워!

02 과학으로 만나는 명상!

03 소중한 나를 찾아요! – 사랑해 명상

04 스트레스가 확 풀려요 – 낙서 명상

05 생각이 틀린 것이 아니라 다른 거예요!

06 나도 장점이 많아요!

07 감정은 어떤 모습일까?

08 아름다운 꽃이 피었습니다! – 걷기 명상

09 너도 할 수 있단다! – 자신감 명상

10 내 몸을 여행해요! – 몸 살피기 명상

11 흔들흔들 몸으로 놀아 보자! – 춤 명상

12 행복의 나라로 떠나요! – 행복 명상

13 건포도는 어디서 왔을까? – 먹기 명상

14 명상은 이런 거였구나! – 마무리 활동

명상 워크북은 명상을 잘 모르는 선생님뿐만 아니라 아이들을 만나는 다른 직업의 사람도 활용할 수 있도록 만든 명상 자료이다. 또한 개인적으로 명상을 공부하는 사람에게도 충분히 도움이 되리라 생각한다. 워크북에는 선생님들이 실제로 사용할 수 있는 14회기 학습과정안, 실제 명상 진행 안내, 활동 그림 예시자료가 담겨 있다. 추가로 활동 소감을 더하여 명상 후기도 담았다. 또한 선생님들이 가장 힘들어하는 생활지도, 인성 지도에 도움이 되는 자료도 명상이 자연스럽게 스며들도록 만들었다. 한 회기 시간은 아이들 집중력에 맞춰 40분으로 되어 있으며 집단이 함께할 수 있게 구성되었다. 명상 프로그램 실습 워크북의 구체적인 회기 내용을 보면 다음과 같다.

* 일러두기

명상 14회기 활동지는 부록으로 따로 담아 언제든지 활용할 수 있게 준비하였다.

〈명상 프로그램 14회기 워크북 활동 순서 안내〉

구 분	회기	학습과정안
도입	1	· 친구야 만나서 반가워! · 학습과정안
	2	· 과학으로 만나는 명상! · 학습과정안
전개	3	· 소중한 나를 찾아요! – 사랑해 명상 · 학습과정안
	4	· 스트레스가 확 풀려요! – 낙서 명상 · 학습과정안
	5	· 생각이 틀린 것이 아니라 다른 거예요! · 학습과정안
	6	· 나도 장점이 많아요! · 학습과정안
	7	· 감정은 어떤 모습일까? · 학습과정안
	8	· 아름다운 꽃이 피었습니다! – 걷기 명상 · 학습과정안
	9	· 너도 할 수 있단다! – 자신감 명상 · 학습과정안
	10	· 내 몸을 여행해요! – 몸 살피기 명상 · 학습과정안
	11	· 흔들흔들 몸으로 놀아 보자! – 춤 명상 · 학습과정안
	12	· 행복의 나라로 떠나요! – 행복 명상 · 학습과정안
	13	· 건포도는 어디서 왔을까? – 먹기 명상 · 학습과정안
마무리	14	· 명상은 이런 거였구나! – 마무리 활동 · 학습과정안

01 친구야 만나서 반가워!

〈학습과정안〉

회기	1회기	활동주제	친구야 만나서 반가워!	
활동목표	▶ 명상 집단프로그램의 목적과 규칙을 이해하며, 친구와 서로 친밀감을 형성한다.			
활동과정	활 동 내 용		시간	준비물
도입	▶ 잔잔한 명상음악으로 분위기 조성		3분	명상음악
전개	▶ 활동 1: 명상 프로그램 소개 및 목적 • 집단 명상 프로그램의 목적 소개하기 • 집단 명상 프로그램 진행 방법 안내하기 ▶ 활동 2: 명상 프로그램 규칙 및 서약서 작성하기 • 집단 명상 프로그램 실행 시 규칙 알아보기 • 집단 명상 프로그램 서약서 작성하기 • 지켜야 할 규칙 알아보고, 더 추가할 사항이 있으면 토의하여 추가하기 ▶ 활동 3: 나를 닮은 내 별칭! • 나를 나타내는 별칭 짓기 • 별칭 가슴에 붙이고 원으로 둘러앉기 • '바람이 분다' 게임으로 자리 바꾸기 • 별칭을 넣어 자기 소개하기		30분	사인펜 시트지 토킹피스 서약서
마무리	▶ 오늘 활동을 통해 느낀 마음을 나누고 마무리하기		7분	

〈실제 프로그램 안내〉

아이들은 아직 명상이 무엇인지 알지 못한다. 프로그램을 시작하기 전에 차분해지는 경험이 필요하다. 따라서 편안한 명상음악을 들으며 자신에게 집중해 보는 시간을 갖는다. 또한 처음 만나서 서먹한 친구들과 몸을 부딪치며 친해지는 활동도 해 본다. 본격적인 명상 프로그램을 시작하기 전, 몸과 마음을 준비할 수 있는 활동이 들어가 있는 회기이다.

▶ 도입

- 허리를 펴고 고개는 정면을 향하도록 앉는다.
- 자연을 닮은 명상음악을 들으며 들려오는 소리에 집중해 본다.
- 음악을 듣다 잡념이 들면 그냥 생각이 흘러가도록 한다.
- 편안해지는 마음을 경험한다.

▶ 활동 1: 명상 프로그램 소개 및 목적

- 명상 프로그램 목적: 자신의 감정을 조절하고 자신감을 회복하여 행복한 삶을 살 수 있는 능력을 키운다.
- 명상 프로그램 진행 방법 안내

– 명상 집단프로그램은 14회기로, 한 회기는 40분으로 한다.

– 명상 프로그램은 담임 재량으로 창의적 재량시간에 실시한다.

– 매일 수업 시작 전 '삼 분 음악 명상'으로 하루를 시작한다.

– 명상 프로그램을 활동하고 느낀 점을 활동지에 기록하고 나눔의 시간을 갖는다.

▶ 활동 2: 명상 프로그램 규칙 및 서약서 작성하기

- 지켜야 할 기본 규칙을 제시하고 토의하여 추가사항을 첨가한다.
- 명상할 때 가져야 할 마음가짐을 알아본다.

〈기본 규칙〉

1. 지금, 현재의 경험을 소중하게 여기겠습니다.
2. 친구들의 이야기를 소중한 마음으로 경청하겠습니다.
3. 명상 프로그램을 긍정적인 마음으로 참여하겠습니다.
4. 프로그램 중에 알게 된 친구의 이야기는 밖으로 옮기지 않겠습니다.
5. 명상 프로그램이 끝날 때까지 한결같은 마음으로 참여하겠습니다.

〈서약서 작성하기〉

▶ 활동 3: 나를 닮은 내 별칭!

- 나를 나타내는 별칭을 짓는다.

- 별칭을 가슴에 붙이고 원으로 둘러앉는다.
- '바람이 분다' 게임으로 자리 바꾼다.

〈'바람이 분다'게임 설명 예시〉

- 의자를 참여 학생 수보다 하나 적게 설치한다.
- 진행자가 "바람이 분다."라고 말하며 바꾸고 싶은 '단어'를 지정하면 단어에 해당하는 아이들은 자리를 바꾼다.
  예) "바람이 분다~ 바람이 분다~ 하얀 티셔츠 입은 사람!"
  (하얀 티셔츠 입은 사람만 일어나 자리를 바꾼다.)
- 자리에 앉지 못한 아동이 술래가 되어 '바람이 분다' 게임을 이어 나간다.

- 돌아가면서 별칭을 넣어 자기를 소개한다.

▶ 마무리: 오늘 활동을 통해 느낀 마음을 나누고 마무리하기
- 오늘 활동을 통하여 명상에서 기대되는 점 이야기 나눈다.
- 서약서를 쓰고 시작하는 명상에 대한 느낌은 어떤지 이야기 나눈다.
- 친구들의 별칭을 보고 재미있었던 점을 이야기 나눈다.

〈활동 후기〉

새롭게 만나는 친구와의 서먹함과 익숙하지 않은 명상 프로그램을 접하게 되면서 아이들은 처음에는 어색해하기도 했다. 친해지기 위해 아이들은 서로 몸을 부딪치며 자리를 찾아가는 '바람이 분다'라는 게임 활동을 했다. 또한 아직 익숙하지 않은 친구의 이름보다 재미있고 부르기 쉬운 별칭을 부르며 친구들과 친해질 수 있었다. 아이들은 명상으로 자신의 뇌파가 바뀐다는 것을 신기해했다. 명상하는 자세도 알아보고 정식으로 서약서도 쓰고 해 보는 명상 활동을 뿌듯해했다. 아이들은 이야기도 나누고 게임도 하는 활동을 자주 했으면 좋겠다는 기대를 말하기도 했다. 앞으로 학교생활이 행복해질 것 같다는 마음을 표현하기도 했다. 아이들의 소감을 보면 명상에 대한 기대가 보인다.

명상하면 뇌파가 바뀐다니 신기해요. 빨리 해 보고 싶어요.

친구들의 별칭 속에 이렇게 다양한 이야기가 들어있는지 몰랐어요.

정식으로 서약서를 쓰고 시작하니 무언가 뿌듯하고 명상이 기대돼요.

명상음악을 처음 듣는데 마음이 차분해지는 것 같아요. 명상하면 좋을 것 같아요.

'바보(바라볼수록 보고 싶은 사람)'라고 쓴 친구의 별칭이 기억나요. 친구들의 별칭을 보고 그 뜻을 발표하는 시간이 재미있었어요.

내 뇌에 뇌파가 있다는 것이 신기하고, 차분할 때와 화날 때 뇌파가 달라진다는 것이 너무 신기했어요. 함부로 화내면 안 될 것 같아요. 명상해 보고 싶어요.

02 과학으로 만나는 명상!

〈학습과정안〉

<table>
<tr><th>회기</th><th>2회기</th><th>활동주제</th><th colspan="2">과학으로 만나는 명상!</th></tr>
<tr><td>활동목표</td><td colspan="4">▶ 호흡과 명상이 무엇인지 알 수 있다.</td></tr>
<tr><td>활동과정</td><td colspan="2">활 동 내 용</td><td>시간</td><td>준비물</td></tr>
<tr><td>도입</td><td colspan="2">▶ 잔잔한 명상음악으로 분위기 조성</td><td>3분</td><td>명상음악</td></tr>
<tr><td>전개</td><td colspan="2">▶ 활동 1: 명상이란 무엇인가?
• 명상 관련 뇌파 알아보기

▶ 활동 2: 돌아라, 바람개비! – 복식호흡
• 1단계: 편안한 자세로 앉아 눈 감기
• 2단계: 숨을 들이마시면서 배가 부풀어 오르게 하고 내쉬면서 배에 공기를 천천히 내보내기
• 3단계: 호흡 연습이 잘되면 손을 배에 올리지 않고 양 무릎 위에 가볍게 놓기
• 4단계: 숨을 깊게 들이쉬고 내쉬는 숨에 바람개비가 오래 돌아가도록 해 보기

▶ 활동 3: '명상의 방' 그려보기
• 자신의 머릿속에 항상 편안하고 쉴 수 있는 나만의 공간 '명상의 방'을 만들어 그려보는 활동 하기
• 명상음악을 들으며 '명상의 방'에 들어가 편안하게 명상하기</td><td>30분</td><td>뇌파 ppt
사인펜
도화지
색종이</td></tr>
<tr><td>마무리</td><td colspan="2">▶ 명상을 처음 해 본 느낌을 나누고 마무리하기</td><td>7분</td><td></td></tr>
</table>

〈실제 프로그램 안내〉

아이들은 처음으로 명상음악을 들으며 마음이 차분해지는 경험을 해 보았다. 명상은 명상을 준비하는 과정도 명상이다. 명상 전에 긍정적 마음을 가지는 것도 중요하다. 흩어지는 마음을 지금, 현재에 집중할 수 있도록 '명상의 방'에 들어가 명상해 보고 느껴보는 활동이 들어있다.

▶ 도입

- 허리를 펴고 고개는 정면을 향하도록 앉는다.
- 마음은 차분하게 명상할 준비를 한다.
- 명상음악을 들으며 물소리, 바람 소리에 집중해 본다.
- 음악을 듣다 잡념이 생기면 알아차리고 다시 음악에 집중한다.
- 편안해지는 마음을 경험한다.

▶ 활동 1: 명상이란 무엇인가?

명상(meditation, 冥想)은 '고요히 눈을 감고 깊이 생각하다.', '사색하다.'이다. 명상은 잠시 생각을 멈추고 깨어 있으면서 의식을 놓치지 않고 현재를 알아차리는 수련 활동이다. 있는 그대로 받아들이며 마음의 여유를 갖게 하는 수련이다.

세타파(θ)는 명상 중에 나타나는 뇌파이며 초당 4~8Hz의 느린 주기로 나온다. 세타파(θ)는 인지기능을 높여주고 신체적 실행 능력을 최대한 끌어올릴 수 있도록 해 준다. 또한, 명상 중에 나오는 알파파(α)는 마음이 안정되고 이완될 때 나오는 뇌파로 생활 명상 중에 주로 나오는 뇌파이다. 명상은 마음에서 일어나는 현상을 알아차림으로써 자신을 잃지 않고 마음의 평화를 찾아가는 수련 활동이다.

▶ 활동 2: 돌아라, 바람개비! – 복식호흡

복식호흡은 숨을 들이마시면서 배에 공기를 가득 넣어 배가 부풀어 오르게 하고, 내쉴 때는 풍선에서 공기가 빠지듯 천천히 숨을 내보내는 호흡법이다. 들이쉬는 숨보다 내쉬는 숨에 의식을 두고 천천히 내보내게 되면 부교감신경이 활성화되어 이완 안정 반응이 나타내게 된다. 복식호흡을 하면 몸이 휴식단계로 들어가게 되고, 감정 또한 차분하게 가라앉는다.

〈복식호흡 연습〉

1단계: 편안한 자세로 앉아 눈을 지그시 감고 두 손을 포개어서 배꼽 바로 아래 살며시올려놓는다.

2단계: 코로 숨을 들이마실 때 배에 가득 공기를 불어 넣어 배가 부풀어 오르게 하고 (손이 올라가는지 관찰한다.), 입으로 내 쉬는 숨에 부풀었던 배의 공기를 천천히 내보낸다. (손이 내려가는지 관찰한다.)

3단계: 훈련이 잘되면 손을 배에 올리지 않고 양 무릎 위에 가볍게 놓고 연습한다. 호흡이 잘되지 않을 때는 코로 하나, 둘, 셋, 넷 숫자를 세면서 숨을 들이마시고, 입으로 내쉬는 숨에 하나부터 여덟까지 숫자를 세면서 천천히 내쉰다.

4단계: 바람개비 호흡

숨을 깊게 들이쉬고 숨을 천천히 후하고 내뱉으며 바람개비가 돌아가게 해 본다. 호흡을 잘 모르는 아이들을 위해 바람개비를 돌려보면서 흥미를 느끼며 호흡을 알아보는 활동이다. 호흡 연습이 끝나면 바람개비를 돌리며 즐거운 시간을 갖는다.

▶ 활동 3: '명상의 방' 그려보기

아이들은 처음으로 명상을 접하기 때문에 그 느낌을 잘 모른다. 명상의 느낌을 알아보기 위해 상상으로 항상 편안하고 기분 좋은 자신만의 '명상의 방'을 만들어 본다. 시각화해서 '명상의 방'을 그려보고 그곳에 들어가 명상하면서 이완되는 느낌을 가져본다. 명상과 친밀감을 느끼도록 하기 위한 활동이다.

아이들이 그린 '명상의 방'

▶ 마무리: 명상을 처음 해 본 느낌을 나누고 마무리하기

- 명상 중 뇌파가 변하는 사실을 알고 느낀 점은 무엇인지 이야기한다.
- 복식호흡을 알기 위해 해본 '바람개비 호흡'은 어떠했는지 이야기 나눈다.
- 자신이 그린 '명상의 방'에서 명상해 본 소감은 어떤지 이야기한다.

〈활동 후기〉

명상에서 무엇보다 중요하게 다뤄지는 것이 호흡이다. 호흡에 집중하여 길게 호흡하면 마음이 안정되고 편안해지기 때문이다. 아이들은 처음으로 복식호흡을 해 보기 때문에 그 느낌을 잘 알지 못한다. 따라서 들이쉬는 숨에 풍선으로 바람이 들어가듯 배를 부풀게 하고 내쉬는 숨에 바람개비를 돌려보면서 호흡을 경험하게 하였다. 또한, 처음 명상을 접하면서 명상의 편안한 느낌을 알아가게 하기 위한 활동도 하였다. 자신이 제일 편안하게 쉴 수 있는 '명상의 방'을 머릿속에 상상하고 그려보는 시간을 가졌다. 구름 위의 방에서 웃고 있는 아이, 꽃 속에 파묻혀 웃고 있는 아이, 모두 행복해 보였다. 그 밖에 자신의 방, 숲속, 바닷속, 꽃밭, 수영장 등, 순수한 아이들의 상상력으로 생각지도 못한 곳에 만든 '명상의 방'이 신선하게 다가왔다. 아이들은 처음 만나는 명상에 호기심을 보이며 명상 프로그램에 기대하는 모습을 보였다.

내 '명상의 방'은 구름 위에 있어요. 너무 편안해요. '명상의 방'에 자주 들어가고 싶어요.

내쉬는 숨에 바람개비가 돌아가고. 배가 풍선처럼 부풀어 오르는 것이 신기해요.

친구들의 '명상의 방'이 너무 다양해서 놀랐어요. 모두 생각이 다른 것 같아요.

'명상의 방'에 들어가 있는 친구들의 모습이 행복해 보여요. 명상이 기대돼요.

내가 숨을 아기 때는 배로 쉬고 있었다는 것에 놀랐어요. 복식호흡을 자주 해야겠어요.

03 소중한 나를 찾아요! - 사랑해 명상

〈학습과정안〉

회기	3회기	활동주제	소중한 나를 찾아요!
활동목표	▶ 자신이 얼마나 소중한 사람인지 알 수 있다.		
활동과정	활 동 내 용	시간	준비물
도입	▶ 복식호흡/음악 명상으로 시작	3분	명상음악
전개	▶ 활동 1: 〈또 하나의 우주 나〉 동영상 시청하기 ▶ 활동 2: '사랑해 명상'하기 • 사랑해 명상하면서 나 사랑하기 ▶ 활동 3: 소중한 나에게 편지 쓰기 • 소중한 나에게 하고 싶은 말 쓰고 전하기 • 친구들과 편지 나누기	30분	동영상 편지지
마무리	▶ 오늘 활동을 통해 느낀 점 서로 이야기하고 마무리하기	7분	

〈실제 프로그램 안내〉

아이들은 자신이 얼마나 소중한 존재인지 잘 모르고 살고 있다. 경쟁 속에서 위축되고 자존감은 낮아져 자신을 긍정적인 시선으로 바라보기가 어렵다. 〈또 하나의 우주 나〉라는 동영상 시청을 통하여 자신이 소우주이며 얼마나 소중한지를 깨닫게 되는 활동이다.

▶ 도입: 복식호흡/음악 명상으로 시작

- 허리를 펴고 마음은 편안하게 가지며 양손은 무릎 위에 가볍게 올려놓는다.
- 코로 하나, 둘, 셋, 넷 숫자를 붙이면서 들이쉬고, 입으로 내쉬는 숨에 하나부터 여덟까지 숫자를 세면서 내보낸다. 세 번 반복한다.
- 명상음악을 들으며 편안하게 이완한다.

▶ 활동 1: 〈또 하나의 우주 나〉 동영상 시청하기

(자료출처: 유튜브), 〈또 하나의 우주 나〉

▶ 활동 2: '사랑해 명상'하기

아이들은 자신을 칭찬하고 사랑한다고 해본 경험이 없다. 칭찬은 다른 사람에게만 하는 말이 아니라 소중한 자신에게도 자주 하는 경험을 통해 소중한 자신을 알아차릴 수 있다.

〈진행자 멘트 예시〉

- 눈은 살포시 감습니다.
- 숨을 서서히 들이마시고 입으로 천천히 내쉽니다.
- 포근하고 노란 황금빛이 정수리에 있는 문을 통하여 내 몸속으로 천천히 들어옴을 느껴봅니다.
- 내 몸속이 따뜻하고 노란 황금빛 에너지로 가득 차는 것을 느껴봅니다.
- 나를 두 팔로 감싸 안으며 정성스럽게 말합니다.

'나는 내가 좋습니다.'

'나는 내 자신이 정말로 좋습니다.'

'나는 내 자신이 정말 자랑스럽습니다.'

'나는 나를 사랑합니다.'

'사랑해!'

'사랑해!'

'사랑해!'

…….

▶ 활동 3: 소중한 나에게 편지 쓰기

그동안 소중한 줄 모르고 함부로 대하고 상처 주는 말도 한 자신에게 미안한 마음과 감사한 마음을 담아 편지쓰기 활동을 한다.

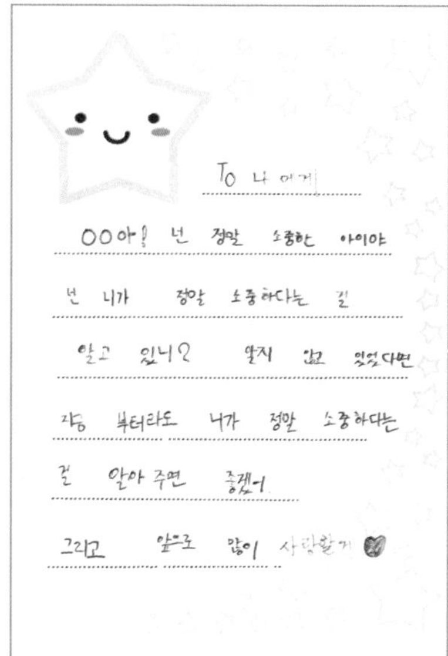
To 나에게

OO아! 넌 정말 소중한 아이야
넌 니가 정말 소중하다는 걸
알고 있니? 알지 않고 있었다면
지금 부터라도 니가 정말 소중하다는
걸 알아 주면 좋겠어
그리고 앞으로 많이 사랑할게

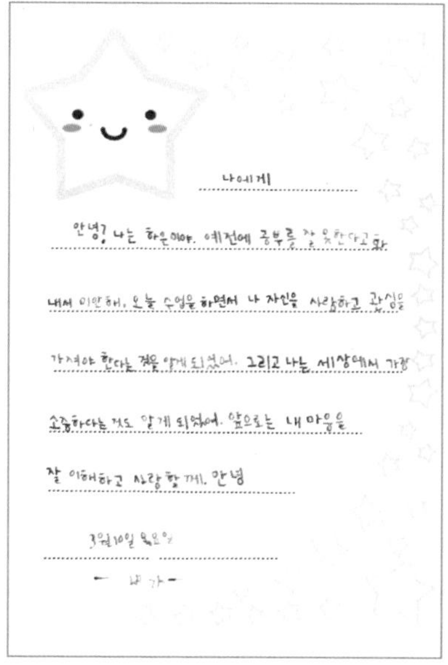
나에게

안녕? 나는 하은이야. 예전에 공부를 잘 못한다고 화
내서 미안해. 오늘 수업을 하면서 나 자신을 사랑하고 관심을
가져야 한다는 것을 알게 되었어. 그리고 나는 세상에서 가장
소중하다는 것도 알게 되었어. 앞으로는 내 마음을
잘 이해하고 사랑할게. 안녕

3월 10일 목요일
– 내가 –

아이들이 자신에게 쓴 편지

▶ 마무리: 오늘 활동을 통해 느낀 점을 서로 이야기하고 마무리하기

• 〈또 하나의 우주 나〉라는 동영상을 보고 어떤 마음이 들었는지 이야기한다.

- 친구들의 편지 내용을 듣고 어떤 감정을 느꼈는지 서로 이야기 나눈다.
- 처음 해보는 '사랑해 명상'을 할 때 어떤 기분이 들었는지 서로 나눈다.

〈활동 후기〉

아이들은 과도한 경쟁 속에서 위축되고 자존감은 낮아져 있다. '소중한 나를 찾아요!'라는 프로그램을 통하여 아이들이 자신이 얼마나 소중한 사람인지 알아차리는 모습을 볼 수 있었다. 또한 또 하나의 소우주인 자신을 깨닫고 따뜻한 시선으로 자신을 바라보게 되었다. 아이들은 그동안 자신이 소중한지 모르고 함부로 대하고 상처 주는 말도 많이 했다. 자신에게 미안한 마음과 감사한 마음을 담아 편지를 써 보는 시간을 가졌다. 아이들은 활동을 통해 소중한 자신을 새롭게 보게 되었다고 말했다. 그대로도 괜찮은 자신을 발견하고 앞으로 자신에게 잘해 줄 거라고 스스로 격려하는 모습도 보였다.

'사랑해 명상'을 하면서 다른 사람에게는 해 보았지만, 소중한 자신에게는 해 본 적이 없는 사랑한다는 말을 정성스럽게 하는 모습도 보였다. 아이들은 그동안 돌보지 않은 자신에게 미안하다고 했다. 앞으로 자신을 소중하게 대할 거라고 말하면서 '나'를 사랑하는 법을 배웠다고도 했다. 많은 아이가 명상 활동을 통하여 존재 자체로 자신이 소중하다는 걸 알았다. 아이들이 쓴 소감을 보면 그 마음이 잘 나타나 있다.

안녕? 나 자신아! 내가 그동안 나 자신이 그리 빛같이 소중한 사람인 줄 몰랐어. 정말 미안해. 이제부터 나 자신을 잘 관리할게. 내가 행복한 말 자주 해줄게. 그럼 안녕.

공부를 조금 못해도 상관없어. 그냥 공부에 재능이 없을 뿐이야. 너는 공부 대신에 잘하는 게 많아. 너는 개성이 있어. 너는 다른 게 재능이 있잖아. 이제부터 천천히 공부하고 공부도 잘하게 만들면 돼. 다른 재능을 많이 가지고 있어서 고마워.

안녕? 너는 세상에서 단 하나밖에 없는 소중하고 귀한 존재야. 너에게 안 좋은 말을 하면 너만 나빠지니까 매일 너에게 좋은 칭찬 해주면 좋겠어.

이번 시간은 나를 알아보아서 좀 더 나를 잘 알게 된 것 같아. 그리고 감정에 대해서도 잘 안 것 같아. 많은 걸 알게 된 시간이었어. 소중한 나를 좀 더 알아보고 아껴야겠다는 생각이 들었어.

04 스트레스가 확 풀려요! - 낙서 명상

〈학습과정안〉

회기	4회기	활동주제		스트레스가 확 풀려요!
활동목표	▶ 자신의 감정을 알고 낙서를 통하여 스트레스를 풀 수 있다.			
활동과정	활 동 내 용		시간	준비물
도입	▶ 복식호흡/음악 명상으로 시작		3분	명상음악
전개	▶ 활동 1: 내 마음이 보여요! • 눈을 감고 조용히 내 마음 들여다보기 • 스트레스를 받았을 때 내 감정은 어떤지 알아차려 보기 • 커다란 운동장에 마음대로 낙서하는 상상하기 ▶ 활동 2: 낙서를 해요! • 검은 도화지에 마음대로 낙서하기 • 검은 도화지에 더 신나게 낙서하기 • 낙서한 도화지를 잘게 찢어 휴지통에 버리기 ▶ 활동 3: '사랑해 명상' 하면서 나를 사랑하고 인정하기 ▶ 활동 4: 낙서하고 느꼈던 마음을 글과 그림으로 표현해 보기		30분	검은 도화지 색연필 활동지
마무리	▶ 낙서 활동을 통해 느낀 마음을 이야기 나누고 마무리하기		7분	

〈실제 프로그램 안내〉

'낙서 명상'은 일상생활에서 해소하지 못하고 마음에 쌓아 두었던 스트레스를 마음 놓고 표현하고 홀가분해지는 활동이다. 낙서한 종이를 찢어서 쓰레기통에 버리면서 자신의 나쁜 감정도 한꺼번에 비워버리고 가벼워지는 효과가 있는 활동이다.

▶ 도입: 복식호흡/음악 명상으로 시작

- 허리를 펴고 마음은 편안하게 가지며 양손은 무릎 위에 가볍게 올려놓는다.
- 코로 하나, 둘, 셋, 넷 숫자를 붙이면서 들이쉬고, 입으로 내쉬는 숨에 하나부터 여덟까지 숫자를 세면서 내보낸다. 세 번 반복한다.
- 명상음악을 들으며 편안하게 이완한다.

▶ 활동 1: 내 마음이 보여요!

- 명상음악이 끝나면 차분하게 자신의 '명상의 방'으로 들어간다.
- 스트레스를 받았을 때를 떠올려보고 감정이 어떠한지 느껴본다.
- '명상의 방' 한쪽 벽을 극장의 스크린으로 채우고, 극장의 스크린에 넓은 운동장을 시각화한다.
- 상상으로 넓은 운동장에 마음껏 낙서해 본다.

▶ 활동 2: 낙서를 해요!

• 눈을 뜨고 검은 도화지에 운동장에서 낙서했던 것처럼 마음대로 낙서한다.

• 낙서가 끝나면 검은 도화지를 잘게 찢어 쓰레기통에 버리며 감정도 함께 버린다.

• 가벼워진 마음을 느껴본다.

▶ 활동 3: '사랑해 명상' 하면서 나를 사랑하고 인정하기

〈진행자 멘트 예시〉

• 눈은 살포시 감습니다.

• 숨을 서서히 들이마시고 입으로 천천히 내쉽니다.

• 포근하고 노란 황금빛이 정수리에 있는 문을 통하여 내 몸속으로 천천히 들어옴을 느껴봅니다.

• 내 몸속이 따뜻하고 노란 황금빛 에너지로 가득 차는 것을 느껴봅니다.

• 나를 두 팔로 감싸 안으며 정성스럽게 말합니다.

'나는 내가 좋습니다.'

'나는 내 자신이 정말로 좋습니다.'

‘나는 내 자신이 정말 자랑스럽습니다.’

‘나는 나를 사랑합니다.’

‘사랑해!’

‘사랑해!’

‘사랑해!’

…….

▶ 활동 4: 낙서하고 느꼈던 마음을 글과 그림으로 표현해 보기

- 마음에 쌓여 있던 스트레스를 낙서로 해소하고 느끼는 마음을 글과 그림으로 표현해 본다.

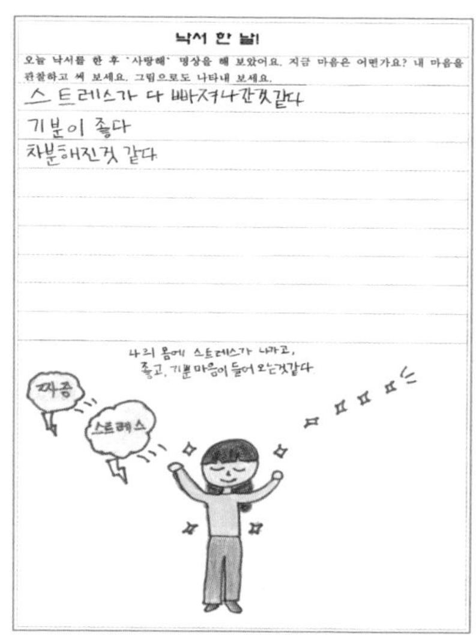

낙서 한 날!

오늘 낙서를 한 후 '사랑해' 명상을 해 보았어요. 지금 마음은 어떤가요? 내 마음을 관찰하고 써 보세요. 그림으로도 나타내 보세요.

스트레스가 다 빠져나간것같다
기분이 좋다
차분해진것 같다

낙서 한 날!

오늘 낙서를 한 후 '사랑해' 명상을 해 보았어요. 지금 마음은 어떤가요? 내 마음을 관찰하고 써 보세요. 그림으로도 나타내 보세요.

왠지 내 생각들과 기분들을 속 시원하게 털어놓은 기분이고
실제로는 말하지 못했던 말들을 낙서해서 너무 속이 시원했다.
묵은 때를 벗어버린느낌 ?

‘낙서 명상’ 후 학생이 그린 그림

▶ 마무리: 낙서 활동을 통해 느낀 마음을 이야기 나누고 마무리하기

- 스트레스를 받았을 때 나의 감정은 어떠했는지 이야기 나눈다.
- 검은 도화지에 신나게 낙서할 때 기분은 어떠했는지 이야기 나눈다.
- 검은 도화지를 잘게 찢어서 쓰레기통에 버릴 때 나의 기분은 어떠했는지 이야기 나눈다.

〈활동 후기〉

낙서 명상 활동은 아이들이 해소하지 못하고 쌓아 두었던 스트레스를 한 번에 날려 버리는 활동이다. 명상으로 긴장을 풀고 자신의 '명상의 방'에 들어가 커다란 운동장을 상상하고 맘껏 낙서하며 스트레스를 풀었다. 눈을 뜨고 현실로 돌아와 운동장에서 했던 낙서를 상상이 아니라 지금, 여기에서 낙서하면서 스트레스를 풀었다. 아이들은 처음 해 보는 활동에 신나 하며 검은 도화지를 더 가져다 낙서하는 모습을 보여주었다. 낙서를 다 하고 검은 도화지는 잘게 찢어서 쓰레기통에 버리면서 좋지 못한 감정도 함께 버리고 홀가분해지는 경험을 했다. 아이들은 다음에 또 이런 활동을 했으면 좋겠다고 말하며 "마음이 텅 비고, 뻥 뚫렸어요!", "너무 속 시원해요.", "가벼워진 느낌이에요." 등, 자기의 경험을 이야기했다. 마무리로 '사랑해 명상'을 하면서 자신을 사랑하는 마음을 다시 한 번 가졌다. 아이들의 소감을 보면 낙서를 통해 자신의 감정을 해소하고

조절하는 모습을 볼 수 있다.

낙서하면서 스트레스가 싹 달아났어요. 마무리로 '사랑해 명상'하니까 흥분했던 마음이 가라앉고 마음이 편안해졌어요.

낙서하기 전에 마음이 복잡했다가 찢을 땐 화도 나고 통쾌한 마음이었다가 명상하니 차분해지고 마음이 정리되었어요.

화나는 것과 슬픈 것과 스트레스와 속상한 것이 다 날아갔고, 지금의 나는 편안해졌어요. 나의 마음은 스트레스, 속상함, 슬픔, 화남은 다 사라지고 마음 안은 텅 비었어요.

기분이 좋고 지난 짜증이 확 없어진 것 같아요. 행복하고 스트레스가 풀려요. 평온하고 내 몸속에 빛이 있는 것 같아요. 말로 표현할 수 없을 만큼 진짜 기분이 좋아요.

05 생각이 틀린 것이 아니라 다른 거예요!

〈학습과정안〉

회기	5회기	활동주제	생각이 틀린 것이 아니라 다른 거예요!
활동목표	▶ 생각이 다를 수 있음을 알아차리고, 친구의 감정에 공감할 수 있다.		
활동과정	활 동 내 용	시간	준비물
도입	▶ 복식호흡/음악 명상으로 시작	3분	명상음악
전개	▶ 활동 1: 하나 될 수 있을까? • 원 반쪽을 그려서 빨간색을 칠하고 오리기 • 자유롭게 다니면서 친구들의 원그림과 내 원 그림을 맞춰서 하나의 원을 만들어 보기 ▶ 활동 2: 역지사지 게임! • 같은 사건을 나와 친구의 입장에서 바꾸어서 생각해 보고 그때 하는 말 적어 보기 ▶ 활동 3: '사랑해 명상' 하면서 친구 사랑하기 • 친구를 생각하며 '사랑해 명상'하기	30분	색연필 도화지 활동지
마무리	▶ 오늘 활동하고 느낀 점을 나누고 마무리하기	7분	

〈실제 프로그램 안내〉

친구와 내가 생각도 경험도 다를 수 있음을 알아차리고 이해해 보는 활동이다. 함께 살아가야 하는 공동체에서 친구를 이해하고 배려하는 마음을 갖게 하는 활동이다. 역지사지로 친구의 입장이 되어보면서 친구를 이해하는 경험을 갖는다.

▶ 도입: 복식호흡/음악 명상으로 시작

- 허리를 펴고 마음은 편안하게 가지며 양손은 무릎 위에 가볍게 올려놓는다.
- 코로 하나, 둘, 셋, 넷 숫자를 붙이면서 들이쉬고, 입으로 내쉬는 숨에 하나부터 여덟까지 숫자를 세면서 내보낸다. 세 번 반복한다.
- 명상음악을 들으며 편안하게 이완한다.

▶ 활동 1: 하나 될 수 있을까?

- 도화지에 원의 반쪽을 그리고 빨간색을 칠한 후 가위로 오린다.
- 친구들에게 돌아다니며 나와 반쪽의 원을 붙여서 하나의 원이 되는 친구를 찾아본다.

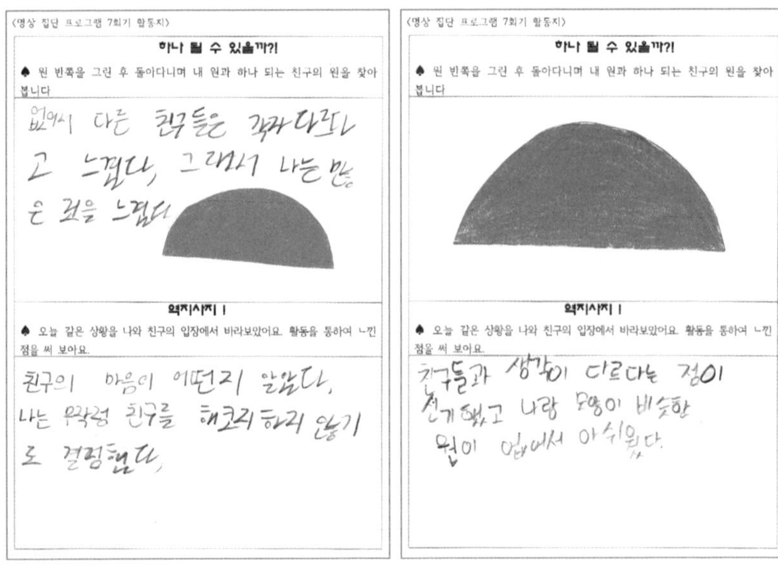

〈명상 집단 프로그램 7회기 활동지〉

하나 될 수 있을까?!

♠ 원 반쪽을 그린 후 돌아다니며 내 원과 하나 되는 친구의 원을 찾아봅니다

없어서 다른 친구들은 각자 다르다고 느꼈다, 그래서 나는 많은 것을 느꼈다

역지사지 !

♠ 오늘 같은 상황을 나와 친구의 입장에서 바라보았어요. 활동을 통하여 느낀 점을 써 보아요.

친구의 마음이 어떤지 알았다, 나는 무작정 친구를 해코지 하지 않기로 결심했다,

〈명상 집단 프로그램 7회기 활동지〉

하나 될 수 있을까?!

♠ 원 반쪽을 그린 후 돌아다니며 내 원과 하나 되는 친구의 원을 찾아봅니다

역지사지 !

♠ 오늘 같은 상황을 나와 친구의 입장에서 바라보았어요. 활동을 통하여 느낀 점을 써 보아요.

친구들과 생각이 다르다는 점이 신기했고 나랑 모양이 비슷한 원이 없어서 아쉬웠다.

학생들이 작성한 활동지

▶ 활동 2: 역지사지 게임!

같은 상황을 나와 친구의 처지에서 바꾸어 생각해 보고 내가 하게 되는 말을 적어 보는 활동이다. 서로 이해하고 배려하면서 살아가야 하는 이유를 알게 한다.

- A4 용지를 가로로 한 번 접고 세로로 네 번 접는다.
- 반으로 접은 종이는 다른 쪽이 보이지 않게 한다. 진행자가 제시하는 친구가 나에게 한 곤란한 행동에 내가 무엇이라고 친구에게 말할

지 반응하는 말을 번호대로 써 본다. (①, ②, ③, ④번 사건)

- 반으로 접은 반대쪽에는 앞에서 말한 똑같은 사건이 친구 입장으로 바뀌었을 때 내가 친구에게 무엇이라고 말할지 반응하는 말을 번호대로 써 본다. (⑤, ⑥, ⑦, ⑧번 사건)

〈네 가지 사건 상황 예시〉

① 내 먹음직스러운 급식을 친구가 지나가면서 쳐서 다 엎었을 때 내가 친구에게 하는 말 써 보기

⑤ 반대로 내가 친구의 급식을 엎었을 때 하는 말 써 보기

② 복도에서 친구와 뛰다가 선생님께 나만 걸려서 혼날 때 내가 친구에게 하는 말 써 보기

⑥ 복도에서 친구와 뛰다가 선생님께 친구만 걸려서 혼날 때 내가 친구에게 하는 말 써 보기

③ 옆 반과 축구 결승전에서 공이 나에게 맞아서 자살골로 졌을 때 내가 하는 말 써 보기

⑦ 옆 반과 축구 결승전에서 친구의 몸에 맞아 자살골로 우리 반이 졌을 때 친구에게 하는 말 써 보기

④ 내 이에 빨간 고춧가루가 낀 것을 알았을 때 내가 친구에게 하는 말 써 보기

⑧ 친구의 이에 빨간 고춧가루가 끼었을 때 내가 친구에게 하는 말 써 보기

※ 친구 사이에 일어나는 다양한 상황을 넣어 활용할 수 있다.

▶ 활동 3: '사랑해 명상' 하면서 나와 친구 사랑하기

〈진행자 멘트 예시〉

- 눈은 살포시 감습니다.
- 숨을 서서히 들이마시고 입으로 천천히 내쉽니다.
- 포근하고 노란 황금빛이 정수리에 있는 문을 통하여 내 몸속으로 천천히 들어옴을 느껴봅니다.
- 내 몸속이 따뜻하고 노란 황금빛 에너지로 가득 차는 것을 느껴봅니다.
- 진심 어린 마음으로 자신에게 말합니다.

'나는 내가 좋습니다.'

'친구를 배려하고 사랑하는 내 자신이 정말 좋습니다.'

'나는 나를 사랑합니다.'

'사랑해!'

'사랑해!'

'사랑해!'

…….

'나는 친구들이 좋습니다.'

'나는 친구들이 정말 좋습니다.'

'나와 함께하는 친구들을 사랑합니다.'

'사랑해!'

'사랑해!'

'사랑해!'

…….

▶ 마무리: 오늘 활동하고 느낀 점을 나누고 마무리하기

- 나와 합쳐져서 하나의 원이 되는 친구가 없을 때 어떤 마음이 들었는지 이야기 나눈다.
- 친구와 나의 처지를 바꿔서 생각해 보는 활동을 통해 무엇을 알게 되었는지 이야기 나눈다.
- 친구를 생각하며 '사랑해 명상'을 해본 마음은 어떤지 이야기를 나눈다.

〈활동 후기〉

아이들은 원 반쪽을 그리고 오린 다음, 교실을 돌아다니며 자신과 하나의 원으로 맞춰지는 친구를 찾아보았다. 아이들은 다양한 크기의 반원을 보고 나와 생각이 같아서 하나의 원이 된다는 것이 쉽지 않다는 것을 알아차리게 되었다. 또한 '역지사지' 활동을 통하여 교실에서 일어날 수 있는 상황을 나의 입장과 친구의 관점에서 생각해 보았다. 활동을 통해 친구를 좀 더 이해하는 경험을 가지게 되었다. 아동들은 나만 생각했었는데 친구의 처지에서 생각해 보니 친구를 더 이해하게 되었다고 소감을 말하기도 했다. 명상 활동 후 타인을 이해하고 나를 조절하여 친구 관계를 원만하게 해 나갈 힘을 갖게 되는 모습을 보여주었다. 아이들의 활동 소감을 보면 자신을 알아차리며 변화되어 가는 마음을 엿볼 수 있다.

'친구들이 나를 이렇게 생각하는구나!'라고 알게 되었어요. 상황을 바꾸어 생각해 보니 느낌이 달라요. 친구의 마음을 알 것 같아요.

내 입장에서 정말 화가 났는데 친구 입장이 되어보니 친구의 마음을 알 것 같아요. 사람은 각각 행동에 따라 말이 다르다는 것을 느꼈어요.

친구가 나에게 잘못했을 때는 친구가 원망스러웠는데, 내가 친구에게 잘못했을 때를 생각하면 잘못한 친구를 원망스럽게 생각한 내가 부끄러워요.

친구의 입장에서 바라보니 내가 잘못했을 때 사과를 안 해서 그 친구에게 다시 사과하고 싶어요.

06 나도 장점이 많아요!

〈학습과정안〉

회기	6회기	활동주제	나도 장점이 많아요!
활동목표	▶긍정적인 생각과 부정적인 생각을 비교해 보고 자신의 장점을 알 수 있다.		
활동과정	활 동 내 용	시간	준비물
도입	▶ 복식호흡/음악 명상으로 시작	3분	명상음악
전개	▶활동 1: 긍정의 힘! – 동영상 시청하기 ▶활동 2: 나는 이런 장점이 있어요! • 나의 장점을 '장점 찾기 활동지'에서 많이 찾고 포스트잇에 써서 몸에 붙이기 • 자신의 장점을 친구들 앞에서 발표하기 ▶활동 3: 친구를 칭찬해요! • 친구를 칭찬하는 멋진 말을 써서 친구들의 몸에 붙이며 칭찬해 주기 ▶활동 4: '사랑해 명상' 하면서 나와 친구 사랑하기 ※나와 친구를 넣어서 '사랑해 명상'하기	30분	동영상 포스트잇
마무리	▶오늘 활동하고 느낀 점을 나누고 마무리하기	7분	

〈실제 프로그램 안내〉

아이들은 자신이 잘하는 것이 없다고 생각한다. 대부분 크고 빛나는 것만 잘한다고 생각하고, 그게 장점이 된다고 생각하기 때문이다. 장점은 작은 것이라도 자신 있게 할 수 있는 것이면 모두 장점이 될 수 있다. 그것을 깨닫게 해주는 프로그램이다.

▶ 도입: 복식호흡/음악 명상으로 시작

- 허리를 펴고 마음은 편안하게 가지며 양손은 무릎 위에 가볍게 올려놓는다.
- 코로 하나, 둘, 셋, 넷 숫자를 붙이면서 들이쉬고, 입으로 내쉬는 숨에 하나부터 여덟까지 숫자를 세면서 내보낸다. 세 번 반복한다.
- 명상음악을 들으며 편안하게 이완한다.

▶ 활동 1: 긍정의 힘! – 동영상 시청하기

사람은 처음 태어날 때부터 부정적인 생각을 더 많이 가지고 태어난다. 행복해지려면 긍정적인 생각을 자주 하는 연습이 필요하다. 긍정적인 생각으로 자신감을 가지도록 격려하는 활동이다. 우리의 뇌에는 자신이 원하는 대로 이루어지게 하는 큰 힘이 있다.

(자료출처 : 유튜브), 〈참 좋은 이야기 1–할 수 있다, 할 수 없다〉

▶ 활동 2: 나는 이런 장점이 있어요!

- 자신의 장점을 되도록 많이 활동지에서 찾고, 포스트잇에 써서 몸에 붙인다.
- 자신의 장점을 친구들 앞에서 발표한다.

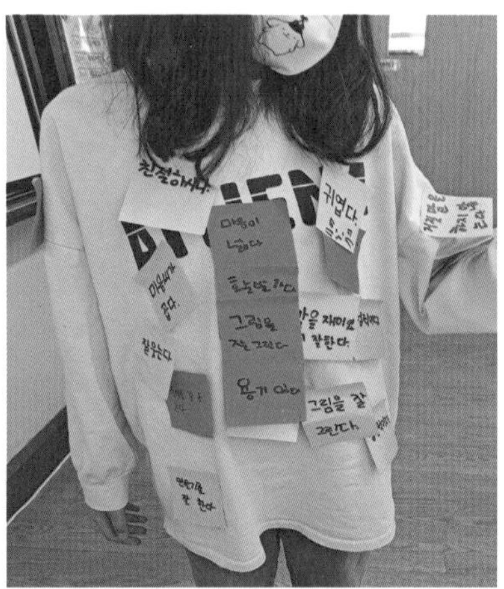

학생들의 장점 찾기 활동 모습

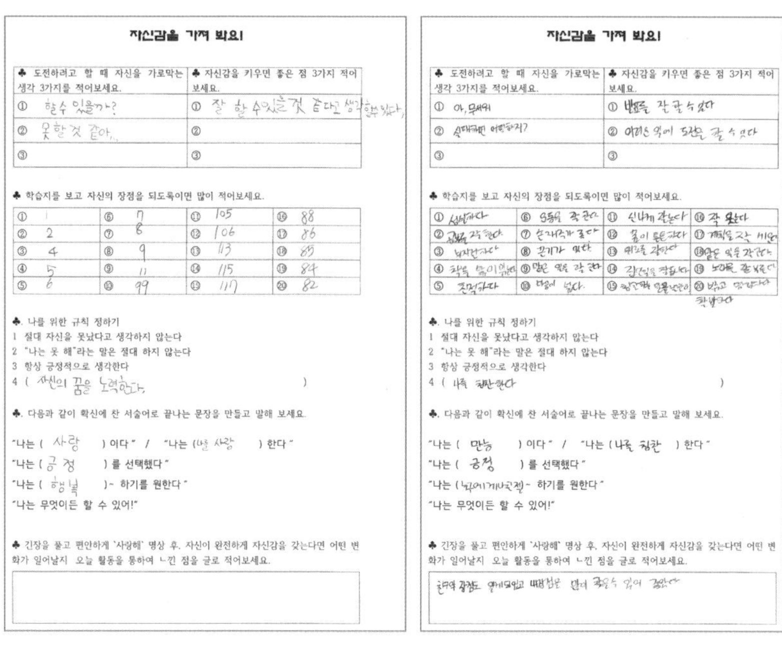

자신감을 가져 봐요!

♣ 도전하려고 할 때 자신을 가로막는 생각 3가지를 적어보세요.	♣ 자신감을 키우면 좋은 점 3가지 적어 보세요.
① 할수 있을까?	① 잘 할 수 있는 것 같다고 생각할수 있다,
② 못할것 같아,,,	②
③	③

♣ 학습지를 보고 자신의 장점을 되도록이면 많이 적어보세요.

① 1	⑥ 7	⑪ 105	⑯ 88
② 2	⑦ 8	⑫ 106	⑰ 86
③ 4	⑧ 9	⑬ 113	⑱ 85
④ 5	⑨ 11	⑭ 115	⑲ 84
⑤ 6	⑩ 99	⑮ 117	⑳ 82

♣. 나를 위한 규칙 정하기
1 절대 자신을 못났다고 생각하지 않는다
2 "나는 못 해"라는 말은 절대 하지 않는다
3 항상 긍정적으로 생각한다
4 (자신의 꿈을 노력한다,)

♣. 다음과 같이 확신에 찬 서술어로 끝나는 문장을 만들고 말해 보세요.

"나는 (사랑) 이다" / "나는 (나를 사랑) 한다"
"나는 (긍 정) 를 선택했다"
"나는 (행복)~ 하기를 원한다"
"나는 무엇이든 할 수 있어!"

♣ 긴장을 풀고 편안하게 '사랑해' 명상 후, 자신이 완전하게 자신감을 갖는다면 어떤 변화가 일어날지 오늘 활동을 통하여 느낀 점을 글로 적어보세요.

자신감을 가져 봐요!

♣ 도전하려고 할 때 자신을 가로막는 생각 3가지를 적어보세요.	♣ 자신감을 키우면 좋은 점 3가지 적어 보세요.
① 아, 무서워	① 발표를 잘 할 수 있다
② 실패하면 어떡하지?	② 어려운 일에 도전을 할 수 있다
③	③

♣ 학습지를 보고 자신의 장점을 되도록이면 많이 적어보세요.

① 성실하다	⑥ 운동을 잘 한다	⑪ 신나게 잘 논다	⑯ 잘 웃는다
② 공부를 잘 한다	⑦ 손재주가 좋다	⑫ 몸이 튼튼하다	⑰ 계획을 잘 세운다
③ 부지런하다	⑧ 끈기가 있다	⑬ [illegible]	⑱ [illegible]
④ 책을 많이 읽는다	⑨ [illegible]	⑭ [illegible]	⑲ 노래를 잘 부른다
⑤ 친절하다	⑩ 마음이 넓다	⑮ [illegible]	⑳ 밝고 명랑하다 착하다

♣. 나를 위한 규칙 정하기
1 절대 자신을 못났다고 생각하지 않는다
2 "나는 못 해"라는 말은 절대 하지 않는다
3 항상 긍정적으로 생각한다
4 (나를 칭찬한다)

♣. 다음과 같이 확신에 찬 서술어로 끝나는 문장을 만들고 말해 보세요.

"나는 (만능) 이다" / "나는 (나를 칭찬) 한다"
"나는 (긍정) 를 선택했다"
"나는 ([illegible])~ 하기를 원한다"
"나는 무엇이든 할 수 있어!"

♣ 긴장을 풀고 편안하게 '사랑해' 명상 후, 자신이 완전하게 자신감을 갖는다면 어떤 변화가 일어날지 오늘 활동을 통하여 느낀 점을 글로 적어보세요.

[illegible]

학생들이 작성한 활동지

▶ 활동 3: 친구를 칭찬해요!

- 친구의 장점도 멋진 말로 써서 친구의 몸에 붙이며 칭찬해 준다.
- 친구들과 자유롭게 다니며 서로의 장점을 칭찬해 준다.

▶ 활동 4: '사랑해 명상' 하면서 나와 친구 사랑하기

〈진행자 멘트 예시〉

- 눈은 살포시 감습니다.
- 숨을 서서히 들이마시고 입으로 천천히 내쉽니다.
- 포근하고 노란 황금빛이 정수리에 있는 문을 통하여 내 몸속으로 천천히 들어옴을 느껴봅니다.
- 내 몸속이 따뜻하고 노란 황금빛 에너지로 가득 차는 것을 느껴봅니다.
- 진심 어린 마음으로 자신에게 말합니다.

'나는 내가 좋습니다.'

'친구를 배려하고 사랑하는 내 자신이 정말 좋습니다.'

'나는 나를 사랑합니다.'

'사랑해!'

'사랑해!'

'사랑해!'

…….

'나는 친구들이 좋습니다.'

'나는 친구들이 정말 좋습니다.'

'나와 함께하는 친구들을 사랑합니다.'

'사랑해!'

'사랑해!'

'사랑해!'

…….

▶ 마무리: 오늘 활동하고 느낀 점을 나누고 마무리하기

- 〈할 수 있다, 할 수 없다〉라는 동영상을 시청하고 느낀 점을 나눈다.
- 장점 찾기를 통해 어떤 마음이 들었는지 이야기 나눈다.
- 친구와 함께한 활동을 통해 무엇을 느꼈는지 이야기 나눈다.

〈활동 후기〉

〈할 수 있다. 할 수 없다〉라는 동영상을 보고 긍정적인 마음으로 나를 바라보는 활동을 해 보았다. 우리 뇌는 '할 수 있다.'라고 생각하면 할 수 있는 방법을 찾고 '할 수 없다.'라는 생각을 하면 할 수 없는 이유를 만들어 낸다. 긍정적인 마음과 부정적인 마음을 갖는 태도의 차이점을 알아보는 시간이었다. 동영상을 보고 대단한 것이 아니더라도 자신 있게 할 수 있는 장점을 찾아보았다. 아이들은 포스트잇에 장점을 적어 몸에 붙이고 친구들에게 소개하는 경험을 해 보았다. 자신이 이렇게 할 수 있는 게 많다는 것을 새삼 느끼고 즐거워했다. 또한 친구의 장점을 써서 친구

에게 붙여주고 서로 인정하고 격려하는 경험도 해 보았다. 아이들은 처음에는 자신의 장점을 몇 가지 쓰지 못했다. 하지만 시간이 지나자 많은 장점을 찾게 되었다. 아이들은 활동하면서 자신감이 올라가 도전하려는 모습을 보이기도 했다. 소감을 보면 아이들이 얼마나 자신을 믿고 문제를 해결하려는 자기효능감이 향상되었는지 알 수 있다.

나에 대해 소중함을 알았고 자신감이 더 올라간 것 같아요. 이제는 발표를 자신 있게 할 수 있겠어요.

오늘 활동을 통해 진짜 나 자신을 찾았어요. 내가 장점이 이렇게 많은 줄 몰랐어요. 앞으로도 나를 잘 보살피고 자신감을 가져야겠어요. 내 장점을 써준 친구들아! 고마워!

내가 이렇게 잘하는 것이 많은 줄 몰랐다. 친구들이 붙여준 장점을 보고 내가 잘하는 것을 알게 되었다. 잘하는 장점이 많은 내가 자랑스럽다.

07 감정은 어떤 모습일까?

〈학습과정안〉

<table>
<tr><th>회기</th><th>7회기</th><th>활동주제</th><th colspan="2">감정은 어떤 모습일까?</th></tr>
<tr><td>활동목표</td><td colspan="4">▶ 여러 가지 감정이 있음을 알아차리고 표현할 수 있다.</td></tr>
<tr><td>활동과정</td><td colspan="2">활 동 내 용</td><td>시간</td><td>준비물</td></tr>
<tr><td>도입</td><td colspan="2">▶ 복식호흡/음악 명상으로 시작</td><td>3분</td><td>명상음악</td></tr>
<tr><td>전개</td><td colspan="2">▶ 활동 1: 감정을 알아봐요!
• 감정 찾기 활동지에서 여러 가지 감정을 알아보고, 감정 카드에서 요즘 느끼는 3가지 감정 찾아보기

▶ 활동 2: 감정에 이름을 붙여라!
• 느끼는 감정에 이름 붙여보고 색으로 표현해보기

▶ 활동 3: 내 감정을 전달해요! – 나 전달법
• 나를 주어로 한 'I – Message' 친구와 연습해보기

▶ 활동 4: '사랑해 명상'하기</td><td>30분</td><td>감정카드
색연필
활동지</td></tr>
<tr><td>마무리</td><td colspan="2">▶ 오늘 활동하고 느낀 점을 나누고 마무리하기</td><td>7분</td><td></td></tr>
</table>

〈실제 프로그램 안내〉

아이들은 자신의 감정을 잘 몰라 혼란스러워할 때가 있다. 따라서 감정을 어떻게 표현해야 하는지 몰라 무조건 화를 내는 경우가 발생한다. 활동을 통하여 자신의 감정을 알아차리고 효과적으로 표현하는 방법을 경험하게 된다. 자신을 알아가게 되는 활동이다.

▶ 도입: 복식호흡/음악 명상으로 시작

- 허리를 펴고 마음은 편안하게 가지며 양손은 무릎 위에 가볍게 올려놓는다.
- 코로 하나, 둘, 셋, 넷 숫자를 붙이면서 들이쉬고, 입으로 내쉬는 숨에 하나부터 여덟까지 숫자를 세면서 내보낸다. 세 번 반복한다.
- 명상음악을 들으며 편안하게 이완한다.

▶ 활동 1: 감정을 알아봐요!

- 감정 활동지에서 내가 느끼는 다양한 감정을 찾아본다.

▶ 활동 2: 감정에 이름을 붙여라!

- 요즘 내가 느끼는 대표적인 감정 3가지를 적어 보고 이름을 붙여본다.
- 내가 느끼는 감정을 그려보고 색으로 나타내 본다.

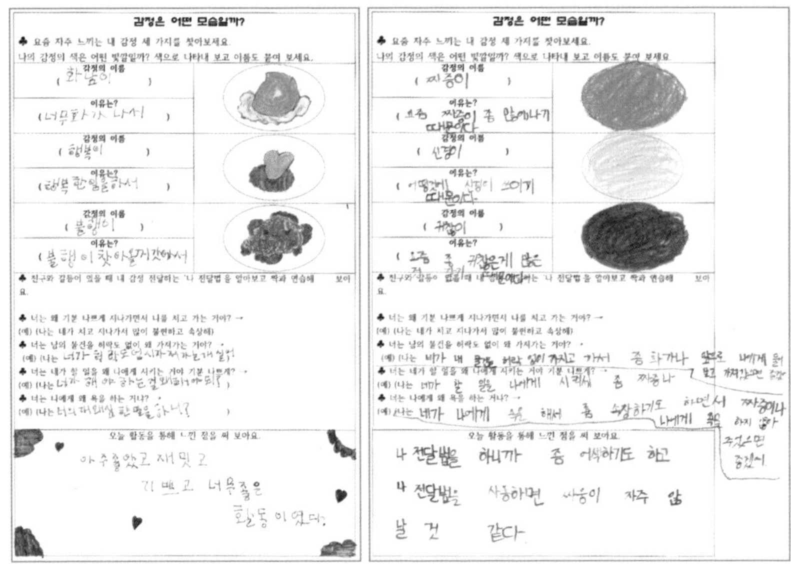

감정은 어떤 모습일까?

♣ 요즘 자주 느끼는 내 감정 세 가지를 찾아보세요.

나의 감정의 색은 어떤 빛깔일까? 색으로 나타내 보고 이름도 붙여 보세요.

감정의 이름
(화남이)

이유는?
(너무 화가 나서)

감정의 이름
(행복이)

이유는?
(행복한 일을 하서)

감정의 이름
(불행이)

이유는?
(불행이 찾아올거 갔애서

♣ 친구와 갈등이 있을 때 내 감정 전달하는 '나 전달법'을 알아보고 짝과 연습해 보아요.

♣ 너는 왜 기분 나쁘게 지나가면서 나를 치고 가는 거야? →
(예) (나는 네가 치고 지나가서 많이 불편하고 속상해)

♣ 너는 남의 물건을 허락도 없이 왜 가져가는 거야? →
(예) (나는 너가 허락도 없이 가져가는게 싫어

♣ 너는 내가 할 일을 왜 나에게 시키는 거야 기분 나쁘게? →
(예) (나는 너가 해야 하는 걸 왜 내가 해야 되?)

♣ 너는 나에게 왜 욕을 하는 거냐? →
(예) (나는 너의 기분 나쁜 말을 하니?)

오늘 활동을 통해 느낀 점을 써 보아요.

아주 좋았고 재밋고
기쁘고 너무 좋은
활동이였다.

감정은 어떤 모습일까?

♣ 요즘 자주 느끼는 내 감정 세 가지를 찾아보세요.

나의 감정의 색은 어떤 빛깔일까? 색으로 나타내 보고 이름도 붙여 보세요.

감정의 이름
(짜증이)

이유는?
(요즘 짜증이 좀 많이 나기 때문이다

감정의 이름
(신남이)

이유는?
(어떻게 신남이 쓰이기 때문이다

감정의 이름
(귀찮이)

이유는?
(요즘 좀 귀찮은게 많은 것 같기 때문이다

♣ 친구와 갈등이 있을 때 내 감정 전달하는 '나 전달법'을 알아보고 짝과 연습해 보아요.

♣ 너는 왜 기분 나쁘게 지나가면서 나를 치고 가는 거야? →
(예) (나는 네가 치고 지나가서 많이 불편하고 속상해)

♣ 너는 남의 물건을 허락도 없이 왜 가져가는 거야? →
(예) (나는 네가 내 물건을 허락 없이 가지고 가서 좀 화가나 앞으로 나에게 묻고 가져가면 좋겠어

♣ 너는 내가 할 일을 왜 나에게 시키는 거야 기분 나쁘게? →
(예) (나는 네가 할 일을 나에게 시켜서 좀 짜증나

♣ 너는 나에게 왜 욕을 하는 거냐? →
(예) (나는 네가 나에게 욕을 해서 좀 속상하기도 하면서 짜증이나 나에게 욕을 하지 않아 주었으면 좋겠어

오늘 활동을 통해 느낀 점을 써 보아요.

나 전달법을 하니까 좀 어색하기도 하고
나 전달법을 사용하면 싸움이 자주 안
날 것 같다

학생들이 작성한 활동지

▶ 활동 3: 내 감정을 전달해요! – 나 전달법

'나 전달법'은 나를 주어로 내 감정을 전하는 방법이다. 친구의 행동을 비난하지 않고 효과적으로 자신의 감정을 전달하는 방법이다. 친구와의 갈등을 줄이는 데 꼭 필요한 활동이다.

〈나 전달법 연습〉

- 너는 왜 기분 나쁘게 지나가면서 나를 치고 가는 거야? →

  (예) (나는 네가 치고 지나가서 매우 불편하고 속상해)

- 너는 남의 물건을 허락도 없이 왜 가져가는 거야? →

(예) (나는)

- 너는 네가 할 일을 왜 나에게 시키는 거야 기분 나쁘게? →

(예) (나는)

- 너는 나에게 왜 욕을 하는 거야? →

(예) (나는)

▶ 활동 4: '사랑해 명상'하기

〈진행자 멘트 예시〉

- 눈은 살포시 감습니다.
- 숨을 서서히 들이마시고 입으로 천천히 내쉽니다.
- 포근하고 노란 황금빛이 정수리에 있는 문을 통하여 내 몸속으로 천천히 들어옴을 느껴봅니다.
- 내 몸속이 따뜻하고 노란 황금빛 에너지로 가득 차는 것을 느껴봅니다.
- 나를 두 팔로 감싸 안으며 정성스럽게 말합니다.

'나는 내가 좋습니다.'

'나는 내 자신이 정말로 좋습니다.'

'나는 내 자신이 정말 자랑스럽습니다.'

'나는 나를 사랑합니다.'

'사랑해!'

'사랑해!'

'사랑해!'

…….

▶ 마무리: 오늘 활동하고 느낀 점을 나누고 마무리하기

- 내 감정을 알아보고 색으로 나타내 보았을 때 어떤 마음이 들었는지 이야기 나눈다.
- 내 감정을 화내지 않고 전달하는 '나 전달법' 연습은 어떠했는지 이야기 나눈다.

〈활동 후기〉

아이들은 자신의 감정을 잘 모른다. 또한 어떻게 표현해야 할지도 모른다. 감정 카드에서 요즘 자주 느끼는 감정을 3가지 찾아보는 활동을 해 보았다. 자신의 감정을 찾아서 색도 칠해보고 이름도 붙여보는 시간을 가졌다. 미국의 유명한 심리학자인 '존 가트맨'(John Gottman) 박사는 자신의 감정에 이름을 붙여보는 것은 손잡이가 없는 문에 열 수 있는 손잡이를 만들어 주는 것과 같다고 말했다. 손잡이가 없는 문은 결코 여닫

을 수가 없다. 아이들은 자신의 감정을 찾고 색으로 나타내면서 '내 감정이 이런 색이었나?' 하며 놀라기도 했다.

친구와 갈등이 있을 때 친구를 비난하지 않고 자신의 감정을 전달하는 '나 전달법'을 배우고 친구와 연습하는 시간도 가졌다. 실생활에서 친구와 갈등이 있을 때 잠시 생각하고 갈등을 조정하는 데 사용하도록 지도했다. 더 나아가 가정에서도 부모님, 형제들에게 자신의 의견을 전달할 때 실천하도록 독려했다.

마무리 작업으로 '사랑해 명상'을 하면서 자신을 사랑하고 인정하는 시간을 가졌다. 아이들은 처음에는 그동안 '너 전달법'으로 비난하는 대화를 해왔기 때문에 어색해했다. 아동들의 소감을 보면 '감정은 어떤 모습일까?'라는 활동을 통하여 자신의 마음을 어떻게 전달할지 알게 되는 과정이 보인다. 아이들을 보면 친구와의 갈등을 잘 풀어갈 수 있는 자기 조절 및 타인 조절 능력을 갖추게 되는 모습을 볼 수 있다.

친구의 마음을 잘 알 것 같아요. 또 감정을 말하니까 속이 뻥 뚫렸어요.

감정을 알아보면서 요즘 모습을 돌아보게 되었어요. 오랜만에 그대로의 나 자신을 본 느낌이에요.

친구가 심한 말을 해도 '나 전달법'을 사용하니 기분이 별로 나쁘지 않았어요. '나 전달법'을 쓰면 친구와 친해지고 가족끼리도 화목하게 지낼 수 있을 것 같아요.

아무리 화가 나도 착한 말로 자신의 감정을 얘기하는 것이 가장 중요하다는 것을 알았어요.

나 전달법으로 말할 때 속이 뻥 뚫려서 기분이 좋았고 자신감이 붙어서 다음에 나를 건드리는 친구들에게 '나 전달법'을 쓸 거예요. 또 친구들에게도 알려줄 거예요.

이렇게 내 감정을 전달할 수 있는 방법을 배우니 기분이 좋아요. 친구와 앞으로 싸우지 않고 잘 지낼 수 있을 것 같아요.

그동안 내가 했던 말들이 얼마나 친구의 마음을 아프게 했을지 후회가 돼요. '나 전달법'을 알았으니 친구를 비난하지 않고 내 감정을 전달해야겠어요.

'나 전달법'으로 말을 하니 화가 나지 않아서 좋았어요. 친구들에게 '나 전달법'으로 말해야겠어요. 집에서도 언니나 동생에게 알려줄 거예요.

08 아름다운 꽃이 피었습니다! - 걷기 명상

〈학습과정안〉

회기	8회기	활동주제	아름다운 꽃이 피었습니다!
활동목표	▶ 걸으면서 오감을 활용하여 행복한 마음을 느낄 수 있다.		
활동과정	활 동 내 용	시간	준비물
도입	▶ 복식호흡/음악 명상으로 시작	3분	명상음악
전개	▶ 활동 1: 10분 동안 침묵하며 교재원을 걸어요! • 교실에서 천천히 걸어보기 • 운동장까지 나갈 때 계단을 천천히 걸으며 걷는다는 행동을 인식해 보기 • 10분 동안 침묵하며 교재원 걷기 – 들리는 소리 – 발의 촉감 – 스치는 바람 – 보이는 꽃의 모습 느껴보기 ▶ 활동 2: 너는 나의 꽃이야! • 나만의 꽃에 이름 붙여주기 • 나만의 꽃 그리기 • 나만의 꽃과 대화하기 ▶ 활동 3: '숲 명상' 하면서 행복감 느껴보기	30분	도화지 색연필
마무리	▶ '걷기 명상' 하고 느낀 점 나누고 마무리하기	7분	

〈실제 프로그램 안내〉

우리의 오감은 알아차리지 않으면 느끼기도 전에 사라진다. 현재에서 느낄 수 있는 오감을 행복하게 알아차릴 수 있는 활동이다. '걷기 명상'은 언제 어디에서든지 걸으면서 쉽게 할 수 있는 명상이다.

▶ 도입: 복식호흡/음악 명상으로 시작

- 허리를 펴고 마음은 편안하게 가지며 양손은 무릎 위에 가볍게 올려놓는다.
- 코로 하나, 둘, 셋, 넷 숫자를 붙이면서 들이쉬고, 입으로 내쉬는 숨에 하나부터 여덟까지 숫자를 세면서 내보낸다. 세 번 반복한다.
- 꽃밭에 나가기 전 교실에서 차분하게 복식호흡과 음악 명상으로 마음을 다스린다.

▶ 활동 1: 10분 동안 침묵하며 교재원을 걸어요!

- 교실에서 걷기에 집중하며 천천히 왔다 갔다 걸어본다.
- 침묵하며 천천히 계단을 내려가면서 발의 감각, 발소리에 집중해 본다.
- 침묵하며 꽃밭을 걸으며 발의 감각은 어떤지, 걸을 때 발의 동작은 어떤지 집중해 본다.

- 걷다가 하늘을 바라보고, 얼굴에 스치는 바람도 느껴보고, 들려오는 소리도 들어본다.
- 꽃밭에 핀 꽃의 향기도 맡아보고 손으로 만져도 보고 대화도 나눈다.

▶ 활동 2: 너는 나의 꽃이야!

- 나만의 꽃에 이름을 붙여주고 다정하게 불러준다.
- 나만의 꽃을 그려본다.
- 나만의 꽃과 대화해 본다.

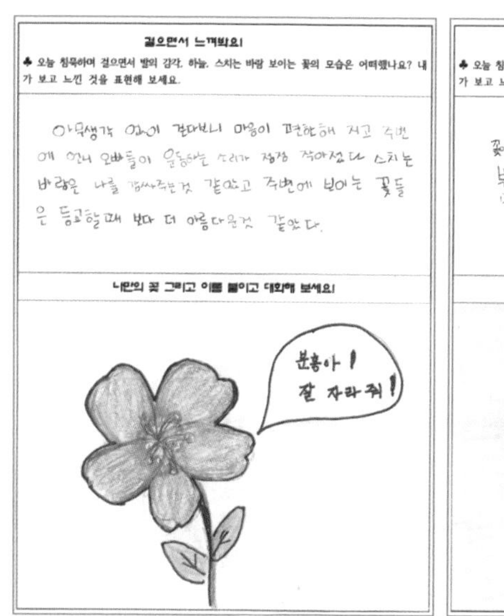

걸으면서 느껴봐요!

♣ 오늘 침묵하며 걸으면서 발의 감각, 하늘, 스치는 바람 보이는 꽃의 모습은 어떠했나요? 내가 보고 느낀 것을 표현해 보세요.

아무생각 없이 걷다보니 마음이 편안해 지고 주변에 언니 오빠들이 운동하는 소리가 점점 작아졌다 스치는 바람은 나를 감싸주는것 같았고 주변에 보이는 꽃들은 등교할때 보다 더 아름다운것 같았다.

나만의 꽃 그리고 이름 붙이고 대화해 보세요!

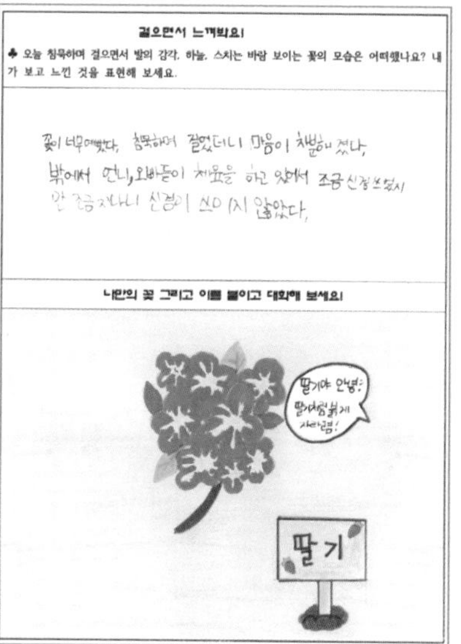

걸으면서 느껴봐요!

♣ 오늘 침묵하며 걸으면서 발의 감각, 하늘, 스치는 바람 보이는 꽃의 모습은 어떠했나요? 내가 보고 느낀 것을 표현해 보세요.

꽃이 너무 예뻤다, 침묵하며 걸었더니 마음이 차분해 졌다, 밖에서 언니,오빠들이 체육을 하고 있어서 조금 신경쓰였지만 조금 지나니 신경이 쓰이지 않았다,

나만의 꽃 그리고 이름 붙이고 대화해 보세요!

학생들이 작성한 활동지

▶ 활동 3: '숲 명상' 하면서 행복감 느껴보기

진행자의 안내 말에 따라 오감을 느끼며 숲속 여행을 한다.

〈'봄 숲 명상' 진행자 멘트 예시〉

- 나는 지금 연둣빛 잎들이 바람에 살랑살랑 손을 흔드는 숲길을 걷고 있습니다.
- 잠시 걸음을 멈추고 맘껏 상쾌한 나무 향기를 들이마시며 기지개를 천천히 펴 봅니다.
- 상쾌하게 지저귀는 새들의 소리가 귓가에 들려옵니다.
- 귓전을 부드럽게 스치는 바람 소리, 찰랑이는 나뭇잎 소리가 이따금 들려 옵니다.
- 주위는 무척 쾌적하고 고요합니다.
- 행복하고 평온함 속에서 천천히 한 발짝 한 발짝 걸음을 옮깁니다.
- 숲 안은 따뜻한 햇볕과 연둣빛 나뭇잎이 어울려 무척 평화롭습니다.
- 가끔 불어오는 바람에 살랑이는 나뭇잎 소리, 멀리 계곡에서 들려오는 물소리가 아련합니다.
- 상쾌하게 뺨에 와 닿는 바람의 촉감을 느껴보십시오.
- 숲에서 풍기는 나무의 진한 향기를 코로 맘껏 들이마셔 보세요.
- 나뭇잎 위를 걸을 때 바스락거리는 낙엽의 소리와 기분 좋은 발의 느

낌을 온몸으로 느껴보십시오.

- 나는 아주 편안합니다.
- 나는 정말 평화롭습니다.
- 나는 너무너무 행복합니다.

- 명상이 끝나면 천천히 눈을 뜨고 교실로 돌아옵니다.

※ 명상 진행 문구는 숲, 바람, 비 등 다양한 상황을 넣어 활용할 수 있다.

▶ 마무리: '걷기 명상' 하고 느낀 점 나누고 마무리하기

- 내 걸음에 집중하고 걸을 때 어떤 느낌이 들었는지 이야기 나눈다.
- 걸으면서 본 하늘, 바람 소리, 꽃의 모습은 어떠했는지 이야기 나눈다.
- '숲 명상' 하며 숲을 걸을 때 내 몸과 마음의 상태는 어떠했는지 이야기 나눈다.

〈활동 후기〉

'아름다운 꽃이 피었습니다!'라는 걷기 명상은 의식하지 않고 자동으로 걷던 걸음을 의식하고 집중해 보면서 걷는 활동이다. 교실에서 천천히 걸어보고 침묵하면서 한 계단 한 계단 내려가면서 걸어보기도 했다. 걸으면서 발의 감각, 발소리에 집중해 보고 걷는다는 행위를 아동 스스로 의식해 보도록 했다. 또 침묵하고 화단을 걸으면서 발의 감각은 어떻게 느껴지는지, 걸어갈 때 왼발과 오른발은 어떻게 움직이고 있는지 아이들 스스로 관찰하게 했다. 걷다가 선생님이 안내하는 대로 하늘도 보고 얼굴에 스치는 바람도 느껴보고 어떤 소리가 들려오는지 들어보도록 했다. 또한 꽃밭에 핀 꽃의 향기도 맡아보고 손으로 감촉을 느껴보기도 하면서 꽃과 이야기해 보도록 안내했다.

아이들은 처음으로 걷는다는 것에 의식을 두고 걸으면서 오감으로 주위를 관찰하고 느껴보았다. 오직 지금, 현재에 집중하고 느껴지는 대로 느껴보는 낯선 경험을 하게 되었다. 또한 아이들은 자신의 꽃을 하나 정하여 꽃과 대화도 나누고 이름도 붙여보고 어떤 마음이 드는지 느껴보았다. 아이들은 꽃밭에 많은 종류의 꽃이 예쁘게 피어 있었다는 사실에도 놀라워했다. 많은 꽃을 무심하게 지나쳤던 자신을 알아차리면서 주위에 관심을 가지게 되었다. 아이들은 순수하게 모든 것을 받아들이면서 즐겁고 행복한 마음으로 꽃을 그리는 모습을 보여주었다. 아이들의 소감을 보면 현재 그대로를 판단하지 않고 그대로 받아들이면서 행복감을 느낀다는 것을 알 수 있다.

밖에서 걸었다. 그리고 아무 말도 하지 않고 걸었다. 아무 생각도 안 하니 아무 느낌도 안 들고 편안했다.

발과 바닥이 닿으면서 '스으윽' 지나가며 천천히 걸으니깐 스치는 바람이 '이렇게 시원했구나' 느끼게 되었다. 하늘이 정말 푸르고 아름다웠다.

발의 감각이 어떨 때는 딱딱하고 어떨 땐 부드럽고 또 어떨 땐 매끈해서 진짜 여행을 와서 산을 걷고 있는 느낌이었다.

아무 생각 없이 걷다 보니 마음이 편안해지고 주변에 언니 오빠들이 운동하는 소리가 점점 작아졌다. 스치는 바람은 나를 감싸주는 것 같았고, 주변에 보이는 꽃들은 등교할 때보다 더 아름다운 것 같았다.

하늘은 푸른 빛이었고 바람이 내 몸에 부딪혀서 차가워졌다. 공기에게 고맙다고 마음속으로 말했다. 꽃은 매우 예쁘고 아름다웠다. 다른 꽃도 각자의 외모를 가지고 있어서 좋았다.

09 너도 할 수 있단다! - 자신감 명상

〈학습과정안〉

회기	9회기	활동주제	너도 할 수 있단다!
활동목표	▶ 내가 할 수 없다고 생각하던 일에 자신감을 가질 수 있다.		
활동과정	활 동 내 용	시간	준비물
도입	▶ 복식호흡/음악 명상으로 시작	3분	명상음악
전개	▶ 활동 1: 〈승가원의 태호〉 동영상 시청하기 ▶ 활동 2: 자신감을 가져요! • 동영상 보고 느낀 점을 활동지에 써 보기 • 그동안 망설이고 있었던 일, 도전하고 하고 싶었던 일 쓰고 다짐해 보기 ▶ 활동 3: '자신감 명상' 하면서 나 인정하기 • 명상하면서 나를 인정하고 사랑하는 마음 가져 보기	30분	동영상 활동지
마무리	▶ 오늘 활동 후 느낌 나누고 마무리하기	7분	

〈실제 프로그램 안내〉

지금 그대로의 자신이 너무 소중하고 괜찮은 사람임을 알 수 있게 하는 활동이다. 그동안 못할까 봐 망설이고 있던 자신에게 용기를 주고 격려하는 명상 활동이다. 자신이 행복한 사람임을 알아차리게 해주는 시간이기도 하다.

▶ 도입: 복식호흡/음악 명상으로 시작

- 허리를 펴고 마음은 편안하게 가지며 양손은 무릎 위에 가볍게 올려놓는다.
- 코로 하나, 둘, 셋, 넷 숫자를 붙이면서 들이쉬고, 입으로 내쉬는 숨에 하나부터 여덟까지 숫자를 세면서 내보낸다. 세 번 반복한다.
- 명상음악을 들으며 편안하게 이완한다.

▶ 활동 1: 〈승가원의 태호〉 동영상 시청하기

손, 팔이 없는 태호가 밝게 웃으며 살아가는 모습의 동영상을 보는 것만으로도 아동들은 그동안 망설이고 도전하지 못하던 것에 도전하려는 용기를 얻게 되었다.

(자료출처 : 유튜브), 〈승가원의 태호〉

▶ 활동 2: 자신감을 가져요!

- 〈승가원의 태호〉라는 동영상을 보고 느낀 점을 활동지에 써 본다.
- 그동안 망설이고 있었던 일, 도전하고 싶었던 일을 쓰고 실천할 수 있다는 다짐의 글을 써 본다.

자신감을 가져요~~

♠ 동영상을 보고 느낀 점을 써 보아요.

느낀 점 태호는 장애가 많은데도 포기하지않고 이겨내는 모습이 대단하다.그리고 학교를 다니는 것도 엄청힘들텐데 열심히 다니는 모습이 대단하다 나도 포기하지 않고 열심히 노력하고 학교도 열심히 다녀야겠다.

내가 그동안 망설이고 도전하지 못했던 일들을 써 보고 나는 할 수 있다고 자신 있게 있게 써 보기

태권도 3품따기와 금강 연습을 해서 3품을 따고싶다.
그리고 스케이트도 도전해보고 싶다.

자신감을 가져요~~

♠ 동영상을 보고 느낀 점을 써 보아요.

느낀 점 태호가 노력하는 모습에 감동을 받아서 이제 부터 망설이지 않고 도전을 할것이다. 그리고 손없는 태호도 글씨잘쓰고 무엇이든 자기가 다한다고 했기때문에 나도 태호를 좀 본받으려고 한다.

내가 그동안 망설이고 도전하지 못했던 일들을 써 보고 나는 할 수 있다고 자신 있게 있게 써 보기

발표, 큰소리로 말하는 것이 부끄러워서 못했는데
태호를 보고 아주 큰소리로 발표 할것이다.
나는 할 수 있다!!

활동 후 학생들이 쓴 다짐

▶ 활동 3: '자신감 명상' 하면서 나 인정하기

〈'자신감 명상' 멘트 예시〉

- 허리와 가슴, 목을 반듯하게 펴고 편안한 자세로 앉습니다.
- 눈은 살포시 감습니다.
- 코로 숨을 하나, 둘, 셋, 넷까지 들이마시고, 입으로 하나부터 여덟까지 세면서 천천히 숨을 내쉽니다. 세 번 반복합니다.
- 상상으로 극장 관람석에 가 앉습니다.
- 극장 스크린에 내가 그동안 망설이고 하지 못했던 것에 도전하는 모습을 영화 주인공처럼 생생하게 떠 올립니다.
- 많은 사람이 나를 칭찬하는 모습을 오감으로 생생하게 느껴봅니다.
- 마음속에 자신감이 차오르는 것을 느껴봅니다.

※ 극장 스크린에 꿈이 이루어진 모습, 망설이던 일에 도전하는 모습 등, 여러 가지 장면을 생생하게 떠올려보면서 자신감을 키울 수 있다.

▶ 마무리: 오늘 활동 후 느낌 나누고 마무리하기

- 〈승가원의 태호〉라는 동영상을 보고 어떤 감정이 들었는지 이야기 나눈다.
- 망설이고 있었던 일에 도전하는 다짐을 쓰면서 어떤 마음이 들었는지 이야기 나눈다.

• '자신감 명상'을 하고 어떤 마음이 들었는지 이야기 나눈다.

〈활동 후기〉

손, 팔이 없이 태어났어도 밝은 모습으로 살아가는 〈승가원의 태호〉라는 동영상을 시청했다. 아이들은 손이 없는 태호가 발로 밥을 먹고 글씨도 쓰면서 스스로 살아가는 모습을 보았다. 무엇보다 밝고 당당하게 살아가는 태호에게 아이들은 많은 감동을 받았다. 태호에게 하고 싶은 말을 써 보는 시간을 가졌다. 또한 그동안 도전하지 못하고 망설이고 있던 일도 '잘해 보겠다'라며 다짐하는 시간도 가졌다. '자신감 명상'을 하면서 망설이고 주눅 들었던 자신에게 용기를 주는 경험도 해 보았다. 아이들은 태호의 모습을 보면서 많이 감동했다고 소감을 말했다. 또한 '나' 자신 그대로도 괜찮은 사람이라는 것을 느꼈다고도 했다. '자신감을 가지고 살아가야지' 하는 마음이 들어서 감사하다고 말하기도 했다. 또 어떤 아이는 '자살하지 않을 것이다.', '지금의 내게 감사한다.' 등, 자신을 따듯한 시선으로 바라보는 변화된 모습을 보여주었다. 건강한 몸으로 친구들과 생활할 수 있다는 사실이 얼마나 감사한 일인지 알아차리는 활동이었다. 아이들의 소감을 보면 자신이 얼마나 소중한 사람인지 알아차리는 모습이 보인다.

장애를 가졌는데 다른 사람의 도움을 받지 않고 스스로 배워가는 것이 신기했고, 장애인 아이들이 너무 불쌍하다는 생각도 들었다. 그리고 장애인인데 열심히 누구의 도움을 받지 않고 살아가는 모습이 아름다웠고 눈부셨다.

장애가 있는 자신을 이쁘다고 당당하게 생각하는 게 멋있다. 장애 하나 없는 나도 못생겼다고 생각하는데, 팔이 없어도 나보다 그림과 글씨를 더 잘 그리고 쓰는 것 같았다. 팔이 없어서 할 수 있는 일을 하는 게 쉽지 않을 것 같다.

태호는 팔도 없고 발가락도 네 개밖에 없고 말도 제대로 못 하는데 거의 할 수 있는 모든 일을 자기 혼자서 스스로 하는 게 대단하고 신기했다. 그리고 손도 없는데 발가락으로 밥을 먹거나 글씨와 그림을 그리고 성일이라는 아이에게 글씨를 가르치는 게 신기하고 대단했다.

태호가 불쌍하고 힘들 것 같다. 그리고 우리에게 몸이 있다는 게 얼마나 감사한지 더욱 알게 되었다.

내가 건강하다는 것을 알고 내가 못 해도 '할 수 있어. 넌 원래 잘하잖아.'라고 말을 하며 정말 정말 열심히 하면 된다는 사실을 느꼈다.

10 내 몸을 여행해요! - 몸 살피기 명상

〈학습과정안〉

회기	10회기	활동주제	내 몸을 여행해요!
활동목표	▶ 몸을 이완시키며 감각과 느낌을 알아차릴 수 있다.		
활동과정	활 동 내 용	시간	준비물
도입	▶ 복식호흡/음악 명상으로 시작	3분	명상음악
전개	▶ 활동 1: 내 몸을 느껴봐요! • 자세를 편안하게 누워 눈 감기 • 숨을 들이마시면서 '나는 편안하다.', 내쉬면서 '나는 정말 편안하다.'라고 읊조리며 긴장 풀기 ▶ 활동 2: 내 몸을 여행해요! • 진행자의 안내에 따라 긴장을 풀고 몸의 구석구석을 이완하기 • 명상이 끝나면 잠시 그 편안함을 온몸으로 느껴보기 • 손가락 발가락을 서서히 움직이며 현실로 돌아오기	30분	매트
마무리	▶ '몸 살피기 명상'을 하고 난 후 느낀 점을 나누고 마무리하기	7분	

〈실제 프로그램 안내〉

'몸 살피기 명상'은 평소 소홀히 대했던 자신의 몸을 알아차리고 접촉하는 효과적인 방법이다. 몸을 알아차리지 못해서 신체에 긴장이 쌓이는 경우가 종종 있다. 긴장 속에 있는 아동의 몸을 편안하게 이완하여 휴식을 주는 명상 활동이다.

▶ 도입: 복식호흡/음악 명상으로 시작

- 허리를 펴고 마음은 편안하게 가지며 양손은 무릎 위에 가볍게 올려놓는다.
- 코로 하나, 둘, 셋, 넷 숫자를 붙이면서 들이쉬고, 입으로 내쉬는 숨에 하나부터 여덟까지 숫자를 세면서 내보낸다. 세 번 반복한다.
- 명상음악을 들으며 편안하게 이완한다.

▶ 활동 1: 내 몸을 느껴봐요!

- 편안한 자세로 누워서 눈을 감는다.
- 숨을 들이마시면서 '나는 편안하다.', 내쉬면서 '나는 정말 편안하다.'라고 읊조리며 몸의 긴장을 푼다.
- 몸이 바닥에 닿은 부분에 집중하여 느껴지는 대로 느껴본다.
- 지금 여기 내가 존재하고 있음을 알아차려 본다.

▶ 활동 2: 내 몸을 여행해요!

• 진행자의 안내에 따라 긴장을 풀고 몸의 구석구석을 편안하게 이완한다.

〈'몸 살피기 명상' 진행자 멘트 예시〉

• 왼발의 발가락에 긴장을 풀고 '내 왼발 발가락은 너무 편안하다.' 생각하며 편안함을 느껴봅니다.
• 오른발의 발가락에 긴장을 풀고 '내 오른발 발가락은 너무 편안하다.' 생각하며 편안함을 느껴봅니다.
• 왼발에 긴장을 풀고 '내 왼발은 너무 편안하다.' 생각하며 편안함을 느껴봅니다.
• 오른발에 긴장을 풀고 '내 오른발은 너무 편안하다.' 생각하며 편안함을 느껴봅니다.
• 왼쪽 다리에 긴장을 풀고 '내 왼쪽 다리는 너무 편안하다.' 생각하며 편안함을 느껴봅니다.
• 오른쪽 다리에 긴장을 풀고 '내 오른쪽 다리는 너무 편안하다.' 생각하며 편안함을 느껴봅니다.
• 왼쪽 허벅지의 긴장을 풀고 '내 왼쪽 허벅지는 너무 편안하다.' 생각하며 편안함을 느껴봅니다.

- 오른쪽 허벅지의 긴장을 풀고 '내 오른쪽 허벅지는 너무 편안하다.' 생각하며 편안함을 느껴봅니다.
- 엉덩이에 긴장을 풀고 '내 엉덩이는 너무 편안하다.' 생각하며 편안함을 느껴봅니다.
- 허리에 긴장을 풀고 '내 허리는 너무 편안하다.' 생각하며 편안함을 느껴봅니다.
- 배에 긴장을 풀고 '내 배는 너무 편안하다.' 생각하며 편안함을 느껴봅니다.
- 왼쪽 팔에 긴장을 풀고 '내 왼쪽 팔은 너무 편안하다.' 생각하며 편안함을 느껴봅니다.
- 오른쪽 팔에 긴장을 풀고 '내 오른쪽 팔은 너무 편안하다.' 생각하며 편안함을 느껴봅니다.
- 왼쪽 어깨에 긴장을 풀고 '내 왼쪽 어깨는 너무 편안하다.' 생각하며 편안함을 느껴봅니다.
- 오른쪽 어깨에 긴장을 풀고 '내 오른쪽 어깨는 너무 편안하다.' 생각하며 편안함을 느껴봅니다.
- 목에 긴장을 풀고 '내 목은 너무 편안하다.' 생각하며 편안함을 느껴봅니다.
- 얼굴에 긴장을 풀고 '내 얼굴은 너무 편안하다.' 생각하며 편안함을 느껴봅니다.

- 머리에 긴장을 풀고 '내 머리는 너무 편안하다.' 생각하며 머리에 편안함을 느껴봅니다.
- 이제 머리부터 발끝까지 온몸이 편안함을 느껴봅니다.
- 내 몸은 너무 편하고 가벼워졌습니다.
- 잠시 그 편안함을 온몸으로 느껴봅니다.

- 명상이 끝나면 발가락 손가락을 서서히 움직이며 현실로 돌아옵니다.

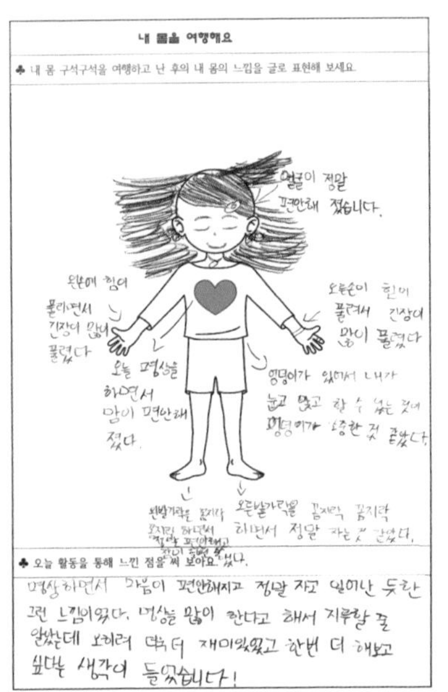

내 몸을 여행해요

♣ 내 몸 구석구석을 여행하고 난 후의 내 몸의 느낌을 글로 표현해 보세요.

♣ 오늘 활동을 통해 느낀 점을 써 보아요.

명상하면서 마음이 편안해지고 정말 자고 일어난 듯한 그런 느낌이었다. 명상을 많이 한다고 해서 지루할 줄 알았는데 오히려 더욱더 재미있었고 한번 더 해보고 싶다는 생각이 들었습니다!

내 몸을 여행해요

♣ 내 몸 구석구석을 여행하고 난 후의 내 몸의 느낌을 글로 표현해 보세요.

♣ 오늘 활동을 통해 느낀 점을 써 보아요.

잠은 잔건 같은데 일어나서 보니까 개운하면서 좋은 그런느낌이와서 신기했다,

'몸 살피기 명상' 후 학생들이 작성한 활동지

▶ 마무리: '몸 살피기 명상'을 하고 난 후 느낀 점을 나누고 마무리하기

- '몸 살피기 명상'을 하고 난 후의 몸과 마음의 느낌을 서로 나눈다.
- 내 몸에 집중해 보면서 어떤 생각이 들었는지 이야기 나눈다.
- 누워서 명상해 본 소감을 서로 나눈다.

〈명상 후기〉

'몸 살피기 명상'은 평소에 소홀히 대하던 몸을 알아차리고 내 몸과 접촉하는 명상이다. 긴장 속에 있는 아이들의 몸을 편안하게 이완할 수 있도록 넓은 강당에 자유롭게 누워서 명상하도록 했다. 숨을 들이마시고 '나는 편안하다.' 숨을 내쉬면서 '나는 정말 편안하다.'라고 반복하면서 편안함을 느껴보았다. 바닥에 닿는 내 몸에 집중하면서 지금 여기 내가 존재하고 있음을 알아차려 보도록 하였다. 발가락에서부터 시작하여 발, 다리, 허벅지, 엉덩이, 허리, 배, 팔, 어깨, 얼굴, 머리의 편안함을 차례차례 느껴보도록 안내했다.

아이들은 낯선 곳이었지만 잠이 올 만큼 편안해서 꿈을 꾸었다고 말하는 아이도 있었다. 가끔 누워서 명상하면 좋겠다고 말하며 집에서 잘 때 해 본다고 실천 의지를 보이기도 했다. 몸 살피기 명상을 통하여 아이들은 지금 여기 자신의 존재를 있는 그대로 느껴보았다. 강당 마루에 머리가 처음 닿았을 때 '딱딱했다.', '머리가 조금은 불편했다.' 등, 현재 있는 그대로 자신을 느끼게 되었다. 시간이 지남에 따라 "아무 소리도 안 들렸다.", "편안했다.", "잠이 왔다."라고 명상 소감을 말하기도 했다. 몸 살피기 명상을 통하여 아이들은 현재 알아차림과 의식집중을 경험했다. 또한 있는 그대로를 수용하면서 긴장이 이완되어 편안함을 어떻게 느끼게 되는지 알아차리게 되었다. 아이들의 소감을 보면 몸의 긴장이 어떻게 이완되는지 알 수 있다.

명상하면서 마음이 편안해지고 정말 자고 일어난 듯한 그런 느낌이었다. 명상을 많이 한다고 해서 지루할 줄 알았는데 오히려 더욱더 재미있었고 계속하고 싶다는 생각이 들었다.

머리가 좀 딱딱했지만, 마음이 편안해지고 하늘에 떠 있는 느낌이었다. 또 몇 분 동안 꿈도 꾸었다.

잠을 잔 것 같은데 일어나 보니 개운하면서 졸린 그런 느낌이 와서 신기했어요.

편해서 꿈꾸기 직전이었고 손가락에 바람이 약간 스쳐 지나가는 것 같았고 근육이 다 풀리면서 마사지를 받은 것 같았어요.

졸음이 왔고 더 누워있고 싶었다. 마음이 편하고 기쁘고 행복했다.

긴장이 풀리고 안심이 되었다. 꿀잠을 자고 이쁜 꿈도 꾸었다. 발가락을 꼼지락거리니 자면서 내가 자라나는 것 같았다.

11 흔들흔들 몸으로 놀아 보자! - 춤 명상

〈학습과정안〉

회기	11회기	활동주제	흔들흔들 몸으로 놀아 보자!
활동목표	▶ '춤 명상'을 통해 억압되어 있던 자신을 자유롭게 표현하며 몸과 마음을 통찰할 수 있다.		
활동과정	활 동 내 용	시간	준비물
도입	▶ 복식호흡/음악 명상으로 시작	3분	명상음악
전개	▶ 활동 1: 몸을 재미있게 움직였을 때는? • 몸을 재미있게 움직였을 때가 언제였는지 이야기 나누기 ▶ 활동 2: 꽃처럼 바람처럼! • 몸으로 바람, 꽃, 구름을 표현해 보기 • 들판에 피어 있는 꽃을 표현해 보기 ▶ 활동 3: 몸으로 놀자! • 〈그대로 멈춰라!〉 음악을 들으며 진행자가 주문하는 대로 몸을 움직이기 • 돌아가면서 자신이 원하는 감정을 나타내기 • 다른 사람은 그 모습을 똑같이 따라 하기 • 〈그대로 멈춰라!〉 음악을 들으며 자유롭게 몸을 움직이기	30분	음악
마무리	▶ '춤 명상'을 활동하고 난 후의 느낀 점 나누고 마무리하기	7분	

〈실제 프로그램 안내〉

아이들은 자신의 감정을 몸으로 표현해 본 적이 없다. 마음을 신체로 표현한다는 것은 우리의 기분, 행동이 전부 연결되어 있다는 것을 알아차리게 해 준다. '춤 명상'은 아동이 느끼는 감정을 몸으로 자유롭게 표현해 보는 활동이다.

▶ 도입: 복식호흡/명상으로 시작

- 허리를 펴고 마음은 편안하게 가지며 양손은 무릎 위에 가볍게 올려놓는다.
- 코로 하나, 둘, 셋, 넷 숫자를 붙이면서 들이쉬고, 입으로 내쉬는 숨에 하나부터 여덟까지 숫자를 세면서 내보낸다. 세 번 반복한다.
- 명상음악을 들으며 편안하게 이완한다.

▶ 활동 1: 몸을 재미있게 움직였을 때는?

- 몸을 재미있게 움직였을 때가 언제였는지 자유롭게 이야기를 나눈다.

▶ 활동 2: 꽃처럼 바람처럼!

- 진행자의 안내에 따라 자연을 자유롭게 몸으로 표현해 본다.

〈진행자 멘트 예시 1〉

- 눈을 살며시 감고 파란 풀이 끝없이 펼쳐진 언덕에 올라와 있다고 상상합니다.
- 눈을 뜨고 두 팔을 벌리고 들판에 부는 바람을 표현하며 자유롭게 날아가 봅니다.
- 두 팔을 벌리고 하늘의 흘러가는 구름을 표현합니다.
- 파란 들판에 피어 있는 꽃을 표현합니다.

▶ 활동 3: 몸으로 놀자!

- 진행자의 안내에 따라 자신의 감정을 자유롭게 몸으로 표현해 본다.

몸으로 놀자~~

♣ 몸을 자유롭게 움직여 보았어요. 활동하면서 몸으로 마음으로 느낀 점을 그림으로 표현해 보아요~~

♣ 오늘 활동을 통하여 느낀 점을 적어보아요.

자유롭게 춤을 추는게 처음에는 어색했는데 춤을 추다 보니까 재미있기도 했다 자신감이 조금더 올라간것 같다

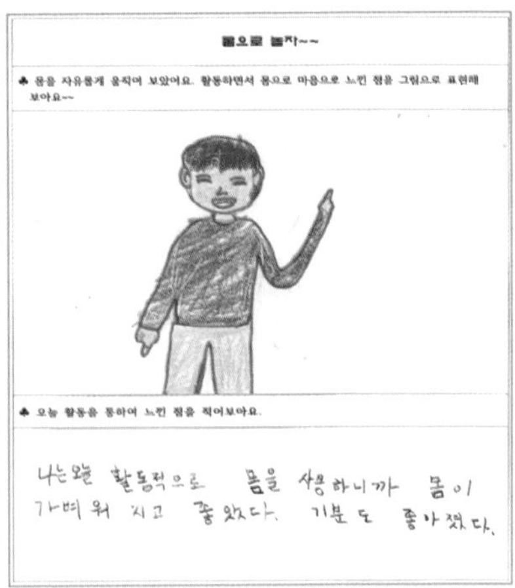

몸으로 놀자~~

♣ 몸을 자유롭게 움직여 보았어요. 활동하면서 몸으로 마음으로 느낀 점을 그림으로 표현해 보아요~~

♣ 오늘 활동을 통하여 느낀 점을 적어보아요.

나는 오늘 활동적으로 몸을 사용하니까 몸이 가벼워 지고 좋았다. 기분도 좋아졌다.

'춤 명상' 후 학생들이 작성한 활동지

〈진행자 멘트 예시 2〉

- 원의 오른쪽으로 〈그대로 멈춰라!〉 노래 부르며 신나게 몸을 흔들며 돌아갑니다.
- 원의 왼쪽으로 〈그대로 멈춰라!〉 노래 부르며 신나게 몸을 흔들며 돌아갑니다.
- 원의 오른쪽으로 〈그대로 멈춰라!〉 노래 부르며 돌아가면서 손을 치켜들고 위를 향해 흔듭니다.
- 원의 왼쪽으로 〈그대로 멈춰라!〉 노래 부르며 돌아가면서 손을 치켜들고 위를 향해 흔듭니다.
- 원의 오른쪽으로 〈그대로 멈춰라!〉 노래 부르며 돌아가면서 손을 아래로 향해 흔듭니다.
- 원의 왼쪽으로 〈그대로 멈춰라!〉 노래 부르며 돌아가면서 손을 아래로 향해 흔듭니다.
- 원의 오른쪽으로 〈그대로 멈춰라!〉 노래 부르며 돌아가면서 손을 옆으로 향해 흔듭니다.
- 원의 왼쪽으로 〈그대로 멈춰라!〉 노래 부르며 돌아가면서 손을 옆으로 향해 흔듭니다.
- 원의 오른쪽으로 〈그대로 멈춰라!〉 노래 부르며 돌아가면서 손을 치켜들고 위, 아래, 옆, 등을 향해 흔듭니다.

• 원의 왼쪽으로 〈그대로 멈춰라!〉 노래 부르며 돌아가면서 손을 치켜 들고 위, 아래, 옆, 등을 향해 흔듭니다.

• 〈그대로 멈춰라!〉 노래를 부르며 자유롭게 몸을 흔들며 오른쪽으로 돌아가 주세요.

"○○○님! 감정을 나타내는 몸짓을 표현해 주세요!"

• 다른 친구들은 ○○○님! 몸짓을 똑같이 따라 하고 멈춰주세요!

• 〈그대로 멈춰라!〉 노래를 부르며 자유롭게 몸을 흔들며 왼쪽으로 돌아가 주세요.

"△△△님! 감정을 나타내는 몸짓을 표현해 주세요!"

• 다른 친구들은 △△△님! 몸짓을 똑같이 따라 하고 멈춰주세요!

(돌아가면서 차례대로 자신이 원하는 감정을 나타내는 모습을 한다. 다른 사람은 그 모습을 똑같이 따라 한다.)

• 마지막에는 〈그대로 멈춰라!〉 노래를 부르며 자유롭게 몸을 움직이며 춤을 춘다.

▶ 마무리: '춤 명상'을 활동하고 난 후의 느낀 점 나누고 마무리하기

• 바람, 꽃, 구름을 몸으로 표현했을 때 어떤 마음이 들었는지 이야기 나눈다.

• 감정을 몸으로 표현했을 때 어떤 기분이 들었는지 이야기 나눈다.

• 친구들이 나와 같은 감정의 몸짓을 해주었을 때 어떤 마음이 들었는지 이야기 나눈다.

※ 음악은 분위기에 맞게 어떤 음악을 활용하여도 좋다.

〈춤 명상 활용 노래〉

그대로 멈춰라

작사, 작곡 김방옥

즐겁게 춤을 추다가 그대로 멈춰라.

즐겁게 춤을 추다가 그대로 멈춰라.

서 있지도 말고 앉지도 말고

눕지도 말고 움직이지 마.

즐겁게 춤을 추다가 그대로 멈춰라.

즐겁게 춤을 추다가 그대로 멈춰라.

출처 : 『4학년 음악 교과서』, 〈그대로 멈춰라〉, 미래앤

〈활동 후기〉

'흔들흔들 몸으로 놀아 보자!'라는 명상 활동은 감정을 몸으로 자유롭게 표현해 보는 활동이다. 춤을 통하여 억압되었던 감정을 표현하고 해소하는 활동이기도 하다. 아이들은 파란 들판에서 부는 바람을 따라 자유롭게 날아가는 표현을 해 보고, 흘러가는 구름도 따라가 보고, 들에 피어 있는 꽃도 표현해 보는 경험을 하면서 흥미를 느끼기 시작했다.

익숙하게 듣고 놀았던 〈그대로 멈춰라!〉라는 노래를 부르며 손을 치켜들기도 하고 옆으로 아래도 향해 흔들며 원을 도는 활동을 했다. 아이들은 처음에는 쑥스러워 부끄럽다고 친구들을 쳐다보기도 했다. 하지만 긴장이 풀리자 익숙한 〈그대로 멈춰라!〉라는 노래에 맞추어 몸을 흔들게 되었다. 활동하다 보니 친구들의 눈치를 보지 않고 자신의 감정을 잘 표현하게 되었다. 노래를 부르며 돌다 차례차례 돌아가면서 자신의 감정을 몸으로 표현하게 되었다. 마지막에는 모두 자유롭게 자신의 감정을 표현하며 춤을 추기 시작했다. 그동안 쌓여 있던 스트레스를 다 날려 보내는 모습을 보였다. 활동 소감을 "스트레스가 다 날아갔어요.", "너무 재미있었어요.", "자주 했으면 좋겠어요."라고 말했다. 명상을 끝내고 스트레스가 풀렸다고 환하게 웃는 아이들의 얼굴에서 행복을 볼 수 있는 활동이었다. 아이들의 소감을 보면 다양한 몸과 마음의 변화를 알 수 있다.

활동적으로 몸을 사용하니까 몸이 가벼워지고 좋았다. 기분도 좋았다.

자유롭게 춤을 추는 게 처음에는 어색했는데, 춤을 추다 보니까 재미있기도 했다. 자신감이 조금 더 올라간 것 같다.

친구들과 노래에 맞춰 즐겁게 춤을 추었는데 정말 재미있었고 정말 막 추었더니 스트레스도 풀렸다. 다음 시간에 또 했으면 좋겠다.

자연을 따라 몸 표현하는 활동이 재미있었다. 또 선생님을 따라 하다 보니 나도 모르게 신나게 춤을 추고 있었다. 감정을 몸으로 나타내니까 스트레스가 확 풀린 느낌이다.

구름을 표현할 때 몸이 가벼워지면서 내가 구름이 된 것 같았다. 감정도 몸으로 나타낼 수 있다는 것을 알았다.

12 행복의 나라로 떠나요! - 행복 명상

〈학습과정안〉

<table>
<tr><th>회기</th><th>12회기</th><th colspan="2">활동주제</th><th>행복의 나라로 떠나요!</th></tr>
<tr><td>활동목표</td><td colspan="4">▶ 행복했던 때를 떠올리며 행복한 마음을 느낄 수 있다.</td></tr>
<tr><td>활동과정</td><td colspan="2">활 동 내 용</td><td>시간</td><td>준비물</td></tr>
<tr><td>도입</td><td colspan="2">▶ 복식호흡/음악 명상으로 시작</td><td>3분</td><td>색연필
활동지</td></tr>
<tr><td>전개</td><td colspan="2">▶ 활동 1: 행복했던 일 이야기 나누기
• 행복했던 일, 행복했던 장소 자유롭게 나누기

▶ 활동 2: '행복 명상'하기
• 허리와 가슴, 목을 반듯하게 펴고 편안한 자세로 앉기
• 눈은 살포시 감기
• 숨을 천천히 들이마시고 입으로 천천히 내보내기
• '명상의 방'에 들어가 자신이 가장 행복했던 장면을 극장 스크린에 크게 떠올리기
• 스크린 속으로 걸어 들어가 그때의 행복한 기분을 오감을 통해 생생하게 느껴보기
• 행복한 기분을 오래오래 느껴보기

▶ 활동 3: 행복했던 때 그림과 글로 표현하기
▶ 활동 4: '바닷가 명상' 하면서 행복감 더 느껴보기</td><td>30분</td><td>검은
도화지
색연필
활동지</td></tr>
<tr><td>마무리</td><td colspan="2">▶ '행복 명상' 하고 느낀 점 나누고 마무리하기</td><td>7분</td><td></td></tr>
</table>

〈실제 프로그램 안내〉

행복은 거창한 것도, 멀리 있는 것도 아니다. 뇌는 상상하는 것과 실제 경험하는 것을 구분하지 못하고 상상만 해도 현실로 느낀다. 행복한 상상만 하여도 기분이 좋아지는 호르몬을 온몸으로 내보낸다. 따라서 행복한 상상을 많이 하는 것 자체가 행복해지는 일이다. 따라서 행복한 순간을 자꾸 떠올리는 것은 몸과 마음에 좋은 영향을 미친다. 일상에서 행복해지는 방법을 배우는 명상이다.

▶ 도입: 복식호흡/음악 명상으로 시작

- 허리를 펴고 마음은 편안하게 가지며 양손은 무릎 위에 가볍게 올려놓는다.
- 코로 하나, 둘, 셋, 넷 숫자를 붙이면서 들이쉬고, 입으로 내쉬는 숨에 하나부터 여덟까지 숫자를 세면서 내보낸다. 세 번 반복한다.
- 명상음악을 들으며 편안하게 이완한다.

▶ 활동 1: 행복했던 일 이야기 나누기

- 행복했던 때가 언제였는지 자유롭게 이야기 나눈다.
- 행복했던 장소는 어디였는지 자유롭게 이야기 나눈다.

▶ 활동 2: '행복 명상'하기

- 허리와 가슴, 목을 반듯하게 펴고 편안한 자세로 앉는다.
- 눈은 살포시 감는다.
- 숨을 천천히 들이마시고 입으로 천천히 내쉰다.
- '명상의 방'에 들어가 자신이 가장 행복했던 장면을 극장의 스크린에 크게 떠올린다.
- 스크린 속으로 걸어 들어가 행복했던 때를 오감으로 느끼며 행복한 기분을 오래오래 즐긴다.

▶ 활동 3: 행복했던 때를 그림과 글로 표현하기

- 행복했던 때를 글과 그림으로 표현해 본다.

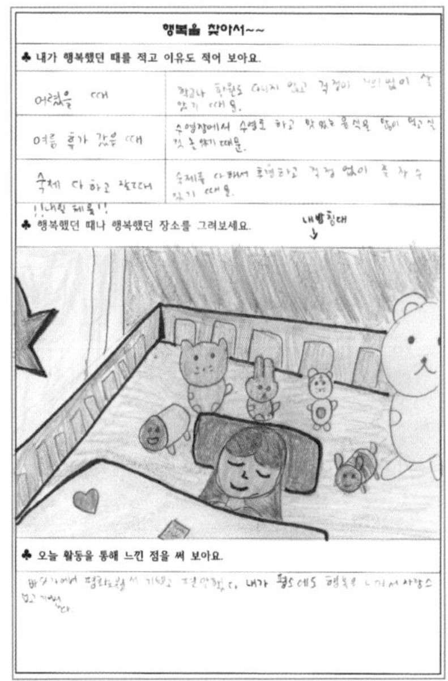

행복을 찾아서~~

♣ 내가 행복했던 때를 적고 이유도 적어 보아요.

어렸을 때	학교나 학원도 다니지 않고 걱정이 [illegible] 없이 살았기 때문.
여름 휴가 갔을 때	수영장에서 수영도 하고 맛있는 음식을 많이 먹고 [illegible] 때문.
숙제 다 하고 잘 때	숙제를 다 해서 후련하고 걱정 없이 잘 수 있기 때문.

!!내 침대 최고!!

♣ 행복했던 때나 행복했던 장소를 그려보세요.

내 방 침대

♣ 오늘 활동을 통해 느낀 점을 써 보아요.

[illegible]

행복을 찾아서~~

♣ 내가 행복했던 때를 적고 이유도 적어 보아요.

친구랑 놀 때 ([illegible])	잘 때 ([illegible])
먹을 때 ([illegible])	
학교 갈 때 ([illegible])	

♣ 행복했던 때나 행복했던 장소를 그려보세요.

♣ 오늘 활동을 통해 느낀 점을 써 보아요.

내가 하루동안 있었던 일이 행복함이라는 걸 알았고, 작았던 일들이 행복으로 바뀌니깐 내 행복이 많아진 것 같았습니다. 벤치에 앉아서 스트레스가 많이 풀렸습니다.

행복한 장소를 그린 학생들의 활동지

▶ 활동 4: '바닷가 명상' 하면서 행복감 더 느껴보기

〈'바닷가 명상' 진행자 멘트 예시〉

- 나는 지금 꽃들이 피어 있는 바닷가 벤치에 앉아 있습니다.
- 따사로운 햇볕이 따뜻하게 나를 비추고 멀리 보이는 푸른 바다는 너무 평화롭습니다.
- 잔잔한 파도 소리가 자장가처럼 귓가에 들립니다.

(파도의 소리를 들어 보십시오.)

- 부드러운 바람이 내 뺨을 스치며 지나갑니다.

  (바람의 부드러운 손길을 느껴보십시오.)

- 파란 하늘에는 흰 구름이 천천히 평화롭게 흘러갑니다.

  (하늘의 구름을 바라봅니다.)

- 이따금 멀리서 들려오는 아이들의 해맑은 웃음소리, 갈매기 소리가 귓가에 들립니다.
- 따사로운 햇살은 나를 포근히 감싸줍니다.
- 아! 나는 아주 평화롭습니다.
- 아! 나는 정말 편안합니다.
- 아! 나는 너무너무 행복합니다.
- 편안하고 행복한 마음을 온몸으로 오래오래 느껴보십시오.

- 명상이 끝나면 천천히 눈을 뜨고 교실로 돌아옵니다.

※ 명상 장소는 다양한 곳을 넣어 활용할 수 있다.

▶ 마무리: '행복 명상' 하고 느낀 점 나누고 마무리하기

- '행복 명상'을 해 본 느낌을 서로 이야기 나눈다.
- '행복 명상'할 때 몸과 마음에 어떤 변화가 있었는지 이야기 나눈다.

• '바닷가 명상'할 때 어떤 느낌이 들었는지 이야기 나눈다.

〈명상 후기〉

행복했던 때나 행복했던 장소를 떠올려 상상해 보는 명상을 해 보았다. 좋은 상상을 하면 우리 뇌는 실제처럼 느껴 행복한 호르몬을 몸으로 내보낸다. 극장의 스크린에 영화의 한 장면처럼 행복했던 때나 행복했던 장소를 생생하게 떠 올린다. 떠올린 장면으로 들어가 생생하게 오감으로 행복을 느껴보는 활동이다. 아이들은 행복한 순간을 떠올리는 동안 얼굴이 편안해지고 미소가 보였다. 활동을 마치고 아이들은 너무 행복했다고 자주 행복 명상을 하고 싶다고 말하기도 했다. 활동 후 마무리 명상으로 한 번 더 '바닷가 명상'을 했다. 명상하면서 상상으로 바닷가에서 부드러운 바람의 감촉과 파도 소리, 갈매기 소리, 바람 소리, 아이들의 해맑은 웃음소리를 들어보았다. 하늘에 떠가는 구름을 보면서 한껏 행복한 마음을 느껴보았다. 아이들이 매우 행복해하는 모습이 너무 보기 좋았다. 아이들의 소감을 보면 편안함과 행복함이 그대로 묻어난다.

내 삶에 행복하고 즐거웠던 일이 이렇게 많았는지 알게 되었어요. 바닷가 명상은 편안하고 잠이 왔어요.

마음이 가볍고 기뻤어요. 타임머신을 탄 기분이었어요. 행복했던 추억을 다시 떠올릴 수 있어서 좋았어요. 긴장이 풀리고 마음이 편안해졌어요.

내가 하루 동안 있었던 일이 행복함이라는 것을 알았고, 작았던 일들이 행복으로 바뀌니깐 내 행복이 많아진 것 같았어요. 바닷가 벤치에 앉아서 스트레스가 많이 풀렸어요.

행복한 일이 많이 있었다는 것을 잊고 산 것 같아요. 몸이 가벼워지고 구름에 뜬 기분이었어요.

13 건포도는 어디서 왔을까? - 먹기 명상

〈학습과정안〉

회기	13회기	활동주제		건포도는 어디서 왔을까?
활동목표	▶ 집중하여 먹을 수 있으며 모든 것이 연결되어 있음을 알아차릴 수 있다.			
활동과정	활 동 내 용		시간	준비물
도입	▶ 복식호흡/음악 명상으로 시작		3분	명상음악
전개	▶ 활동 1: 건포도는 어디서 왔을까? • 건포도가 어떻게 자라고 어떤 경로를 통해 오늘 나에게 왔는지 생각해 보기 • 눈을 감고 평상시에 자신이 음식 먹는 모습을 생각해 보기 ▶ 활동 2: 건포도 명상! – 먹기 명상 • 앞에 놓인 건포도를 처음 보는 것처럼 관찰하고 오감을 느끼며 천천히 음미하며 먹기 ▶ 활동 3: 건포도가 내 손에 오기까지! • 건포도가 내게 오기까지 '생각의 그물'로 그려보기 • 음식이 여러 인연의 손을 거쳐 나에게 온 것에 감사하는 마음 갖기		30분	건포도 활동지
마무리	▶ 오늘 '먹기 명상' 하고 느낀 점 나누고 마무리하기		7분	

〈실제 프로그램 안내〉

아이들은 그동안 음식을 먹는 행동을 자동적이고 습관적으로 해 왔다. 먹는다는 행위 하나하나에 의미를 두고 먹어 보지 않았다. 먹기 명상을 통하여 하찮아 보이는 먹거리 하나라도 보이지 않는 사람들의 노력으로 내 앞에 왔다는 것을 알아차릴 수 있다. 또한 모든 것이 인연의 줄로 연결되어 있다는 것을 깨달을 수 있다. 따라서 무의식적인 먹기 행위에서 자신의 먹는 행위를 알아차리고 서두르지 않고 차분하게 행동하는 방법을 알게 된다. 먹기 명상으로는 사과 명상, 귤 명상 등 다양한 방법이 있으나 학교에서 실행하기에는 건포도 명상이 재료도 간단하고 다루기도 적당하므로 건포도를 명상의 재료로 선택했다.

▶ 도입: 복식호흡/음악 명상으로 시작

- 허리를 펴고 마음은 편안하게 가지며 양손은 무릎 위에 가볍게 올려놓는다.
- 코로 하나, 둘, 셋, 넷 숫자를 붙이면서 들이쉬고, 입으로 내쉬는 숨에 하나부터 여덟까지 숫자를 세면서 내보낸다. 세 번 반복한다.
- 명상음악을 들으며 편안하게 이완한다.

▶ 활동 1: 건포도는 어디서 왔을까?

- 건포도가 어떤 모습으로 싹트고 꽃이 피고 열매를 맺는지 상상해 본다.
- 건포도가 어떻게 길러지고 수확되어 어떤 경로를 거쳐 오늘 나에게 왔는지 상상해 본다.
- 평상시에 자신이 음식 먹는 모습을 생각해 본다.

▶ 활동 2: 건포도 명상! – 먹기 명상

- 진행자의 안내에 따라 오감으로 느끼며 건포도 먹기 명상을 한다.

〈'건포도 명상' 진행자 멘트 예시〉

- 건포도를 처음 보는 것처럼 낯선 마음으로 바라봅니다.
- 건포도를 손으로 만지면서 어떤 느낌이 드는지 느껴봅니다. (촉감)
- 건포도를 눈으로 관찰하면서 무엇이 보이는지 알아차려 봅니다. (시각)
- 건포도를 귀에 대고 손가락으로 문지르며 무슨 소리가 들리는지 들어 봅니다. (청각)
- 건포도를 냄새 맡으면서 어떤 냄새가 나는지 알아차려 봅니다. (후각)
- 건포도를 천천히 씹으면서 혀의 움직임은 어떤지, 또 어떤 맛이 느껴

지는지 알아차려 봅니다. (미각)

- 건포도가 목으로 넘어가는 느낌은 어떤지 알아차려 봅니다.
- 건포도를 먹기까지 어떤 과정이 연결되어 있는지 알아차려 봅니다.

(먹는 행위 알아차림)

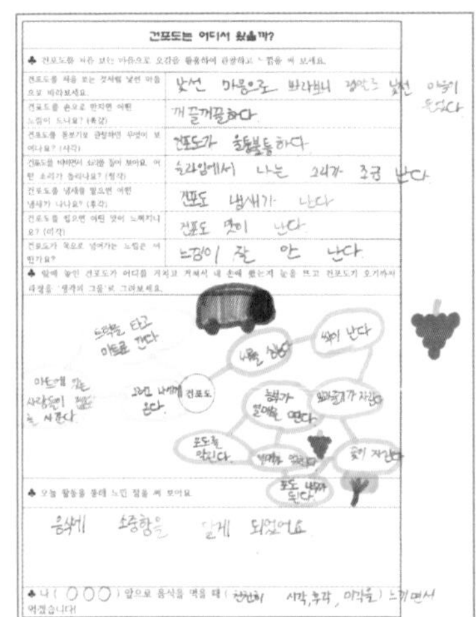

건포도는 어디서 왔을까?

건포도를 처음 보는 것처럼 낯선 마음으로 바라보세요.	낯선 마음으로 바라보니 정말로 낯선 마음이 든다
건포도를 손으로 만지면 어떤 느낌이 드나요? (촉감)	끼끌끼끌하다
건포도를 돋보기로 관찰하면 무엇이 보이나요? (시각)	건포도가 울퉁불퉁하다
건포도를 비비면서 소리를 들어 보아요. 어떤 소리가 들리나요? (청각)	슬라임에서 나는 소리가 조금 난다
건포도를 냄새를 맡으면 어떤 냄새가 나나요? (후각)	건포도 냄새가 난다
건포도를 씹으면 어떤 맛이 느껴지나요? (미각)	건포도 맛이 난다
건포도가 목으로 넘어가는 느낌은 어떤가요?	느낌이 잘 안 난다

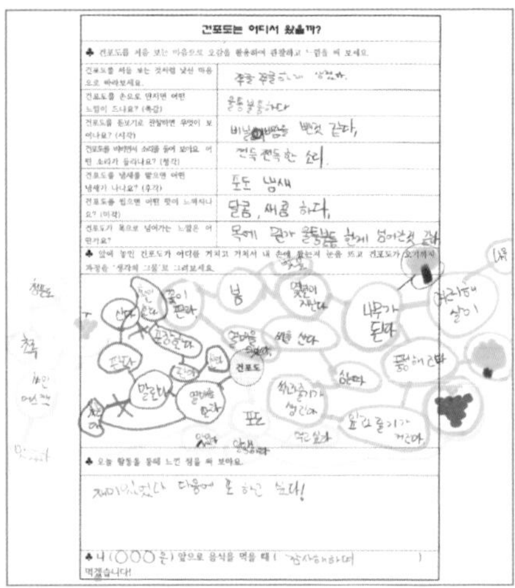

건포도는 어디서 왔을까?

건포도를 처음 보는 것처럼 낯선 마음으로 바라보세요.	쭈글쭈글하고 생겼다.
건포도를 손으로 만지면 어떤 느낌이 드나요? (촉감)	울퉁불퉁하다
건포도를 돋보기로 관찰하면 무엇이 보이나요? (시각)	비닐 뭉쳐놓은 것 같다,
건포도를 비비면서 소리를 들어 보아요. 어떤 소리가 들리나요? (청각)	쩐득쩐득한 소리.
건포도를 냄새를 맡으면 어떤 냄새가 나나요? (후각)	포도 냄새
건포도를 씹으면 어떤 맛이 느껴지나요? (미각)	달콤, 새콤 하다.
건포도가 목으로 넘어가는 느낌은 어떤가요?	목에 뭔가 울퉁불퉁한게 넘어간것 같다

'먹기 명상' 후 학생들이 작성한 활동지

▶ 활동 3: 건포도가 내 손에 오기까지!

- 앞에 놓인 건포도가 어떻게 자라 어디를 거쳐서 내 손에 왔는지, 건포도가 내게 오기까지 과정을 '생각의 그물'로 그려본다.
- 음식이 여러 인연의 손을 거쳐 나에게 온 것에 감사하는 마음을 갖는다.

〈나의 다짐 한마디!〉

• 나 (   ) 앞으로 음식을 먹을 때 (   ) 먹겠습니다.

▶ 마무리: 오늘 '먹기 명상'하고 느낀 점 나누고 마무리하기

• 건포도 한 알을 진지하게 살펴보고 먹어 보면서 느낀 점을 이야기 나눈다.
• 건포도 한 알이 나에게 온 과정을 '생각의 그물'로 그려보면서 느낀 점을 이야기 나눈다.
• 오늘 '먹기 명상'을 통해 느낀 음식에 대한 내 생각을 이야기 나눈다.

〈명상 후기〉

'먹기 명상'은 그동안 자동적이고 습관적 행동으로 먹어온 음식을 의미를 두고 먹어 보는 명상이다. 무의식적으로 먹던 행위에서 먹는다는 것에 의미를 두면서 서두르지 않고 차분하게 행동하는 태도를 경험하는 명상이다. 아이들은 건포도 한 알을 먹는 행동에서 보고, 듣고, 만져보고, 맛보고, 어떤 냄새가 나는지 관찰하는 시간을 가졌다. 건포도를 씹을

때는 혀가 어떻게 움직이는지 목으로 넘어갈 때의 느낌은 어떤지 먹는 행동 하나하나를 구분하는 낯선 경험을 해 보았다.

또한, 건포도를 먹기까지 어떤 인연의 과정을 통해 나에게 왔는지 생각해 보는 시간도 가졌다. 작은 건포도 한 알이 내 손에 오기까지 많은 사람과 연결되어 있다는 것을 아는 시간이었다. 그동안 음식을 가볍게 대하고 남기고 버렸던 자기의 모습을 돌아보게 되었다. 음식을 감사하게 먹는 마음을 가지게 되었다. 활동을 끝내고 마지막에는 앞으로 음식을 먹을 때 음식을 대하는 마음가짐도 써 보았다. 많은 아동이 '감사하게 먹겠다.', '음식을 음미하면서 먹겠다.', '투정 부리지 않고 먹겠다.' 등, 음식을 다시 보는 마음이 들었다고 쓰기도 했다.

건포도 하나로도 충분히 촉감, 시각, 청각, 후각, 미각을 알 수 있었고 음식에 대해 소중함을 알았어요.

건포도가 이렇게 신기한 줄 몰랐고 음식을 먹을 때 아무것도 아닌 것처럼 먹지 말고 감사하면서 먹어야 한다는 것을 알게 되었어요.

건포도에 대해 더 잘 알게 된 것 같았고 건포도의 맛을 더 잘 느낀 것 같았어요.

건포도가 어떻게 내 입속으로 왔는지 알게 되었고, 건포도가 이런 모양, 냄새, 맛인 걸 알았어요.

건포도 한 알에도 많은 사람이 수고해서 내게 왔다는 것을 알게 되었다. 음식에 감사하다는 마음이 들었다.

14 명상은 이런 거였구나! - 마무리 활동

〈학습과정안〉

회기	14회기	활동주제	명상은 이런 거였구나!
활동목표	▶ 명상으로 느낀 몸과 마음의 변화를 이야기할 수 있다.		
활동과정	활 동 내 용	시간	준비물
도입	▶ 복식호흡/음악 명상으로 시작	3분	명상음악
전개	▶ 활동 1: 명상은 이런 거였구나! 동영상 시청 • 명상하면서 좋았던 점, 아쉬웠던 점 이야기하기 • 몸과 마음의 변화 이야기하기 ▶ 활동 2: 명상하면서 느꼈던 마음을 글이나 시로 쓰기 ▶ 활동 3: 이렇게 실천할게요! • 명상 프로그램을 마치고 앞으로의 생활 실천 내용을 다짐하는 글 써 보기 ▶ 활동 4: 손에 손잡고! • '사랑해 명상' 하면서 친구에게 감사의 마음 보내기	30분	동영상 활동지 색연필 사인펜
마무리	▶ 그동안 했던 명상을 정리하면서 느낀 점 나누고 마무리하기	7분	

〈실제 프로그램 안내〉

명상 프로그램을 친구들과 함께하면서 느꼈던 몸과 마음의 이야기를 서로 나누는 마무리 회기이다. 원으로 둘러앉아 서로 얼굴을 보면서 경험을 서로 나누고 사랑을 전하기도 하는 자리이다. 마음이 훌쩍 자란 아이들의 순수한 이야기가 무엇보다 빛나는 활동이다.

▶ 도입: 복식호흡/음악 명상으로 시작

- 허리를 펴고 마음은 편안하게 가지며 양손은 무릎 위에 가볍게 올려놓는다.
- 코로 하나, 둘, 셋, 넷 숫자를 붙이면서 들이쉬고, 입으로 내쉬는 숨에 하나부터 여덟까지 숫자를 세면서 내보낸다. 세 번 반복한다.
- 명상음악을 들으며 편안하게 이완한다.

▶ 활동 1: 명상은 이런 거였구나!

- 동영상 시청하기

(출처: 유튜브), 〈명상이란 무엇인가?〉

• 원으로 둘러앉아 명상하면서 좋았던 점, 아쉬웠던 점을 '토킹피스'를 가지고 있는 사람은 이야기하고 다른 사람은 경청한다.
• 이야기가 끝난 사람은 원하는 사람에게 '토킹피스'를 넘긴다.
• 명상하면서 느꼈던 몸과 마음의 변화를 돌아가면서 이야기한다.

▶ 활동 2: 명상하면서 느꼈던 마음을 글이나 시로 쓰기
• 명상하면서 느꼈던 점을 글이나 시로 표현해 본다.

〈학생들이 소감으로 쓴 시〉

낙서 명상

스윽! 스윽!
낙서 한 번에 나의 스트레스가 확!
쓱쓱 싹싹!
지금까지 살아왔던 나의 나쁜 마음이 확!
나의 마음은 후련해진다.

누워서 명상

시원하고 몸의 힘이 스르륵! 스르륵!

점점 잠에 빠진다.

마치 몸과 바닥이 한 몸이 된 것 같다.

바다처럼 잔잔한 누워서 명상.

행복명상

눈을 소로로 감는다.

밥 먹을 때도 행복.

친구들과 놀 때도 행복.

여행 갈 때도 행복.

일상생활에서 행복한 게 한두 가지가 아니다.

'행복한 게 많네.'

앞으로 행복 명상을 계속!

명상은 정말 좋아.

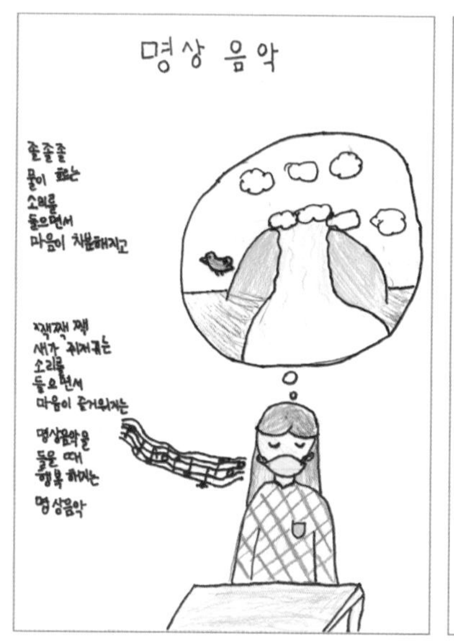

학생들이 그린 소감 시화

▶ 활동 3: 이렇게 실천할게요!

• 명상 프로그램을 마치고 앞으로의 생활에서 실천할 명상을 다짐하는 글을 써 본다.

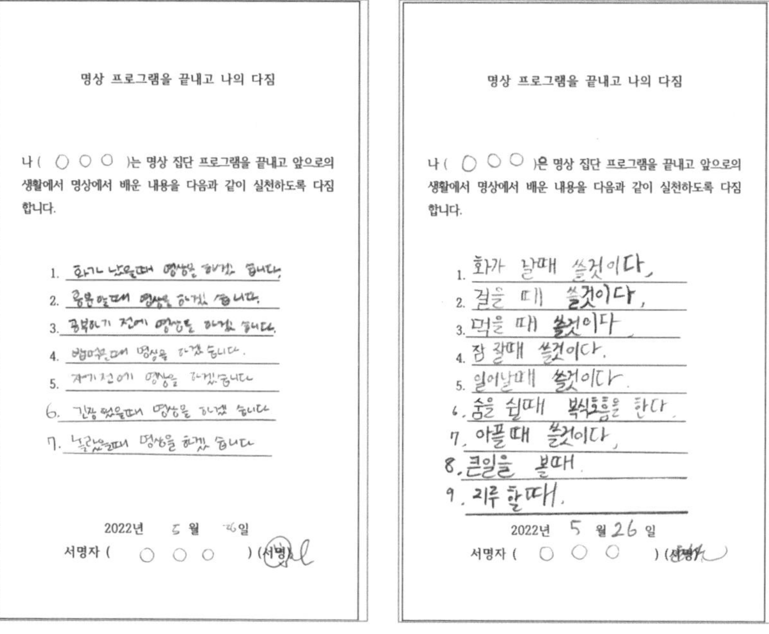

명상 프로그램을 끝내고 나의 다짐

나(○ ○ ○)는 명상 집단 프로그램을 끝내고 앞으로의 생활에서 명상에서 배운 내용을 다음과 같이 실천하도록 다짐합니다.

1. 화가 났을때 명상을 하겠습니다.
2. 흥분일때 명상을 하겠습니다.
3. 공부하기 전에 명상을 하겠습니다.
4. 밥먹을때 명상을 하겠습니다.
5. 자기전에 명상을 하겠습니다
6. 긴장됐을때 명상을 하겠습니다
7. 놀랐을때 명상을 하겠습니다

2022년 5 월 26 일

서명자 (○ ○ ○) (서명)

명상 프로그램을 끝내고 나의 다짐

나(○ ○ ○)은 명상 집단 프로그램을 끝내고 앞으로의 생활에서 명상에서 배운 내용을 다음과 같이 실천하도록 다짐합니다.

1. 화가 날때 쓸것이다,
2. 걷을 때 쓸것이다,
3. 먹을 때 쓸것이다
4. 잠 잘때 쓸것이다.
5. 일어날때 쓸것이다.
6. 숨을 쉴때 복식호흡을 한다.
7. 아플때 쓸것이다,
8. 큰일을 볼때.
9. 리루 할때.

2022년 5 월 26 일

서명자 (○ ○ ○) (서명)

학생들이 작성한 실천 다짐

▶ 활동 4: 손에 손잡고!

하나의 원으로 만들어 앉아서 서로 손에 손잡고 '사랑해 명상'을 하면서 그동안 함께해준 친구에게 감사의 마음을 조용히 보낸다.

〈진행자 멘트 예시〉

- 눈은 살포시 감습니다.
- 숨을 서서히 들이마시고 입으로 천천히 내쉽니다.
- 포근하고 노란 황금빛이 정수리에 있는 문을 통하여 내 몸속으로 천천히 들어옴을 느껴봅니다.
- 내 몸속이 따뜻하고 노란 황금빛 에너지로 가득 차는 것을 느껴봅니다.
- 나를 두 팔로 감싸 안으며 정성스럽게 말합니다.

'나는 내가 좋습니다.'

'친구를 배려하고 사랑하는 내 자신이 정말 좋습니다.'

'나는 나를 사랑합니다.'

'사랑해!'

'사랑해!'

'사랑해!'

…….

(두 팔로 나를 정성껏 안아 줍니다)

'나는 친구들이 좋습니다.'

'나는 친구들이 정말 좋습니다.'

'나와 함께하는 친구들을 사랑합니다.'

(옆에 있는 친구를 안아 줍니다)

'사랑해!'

'사랑해!'

'사랑해!'

…….

▶ 마무리: 그동안 했던 명상을 정리하면서 느낀 점을 나누고 마무리 하기

- 그동안 명상하면서 좋았던 점, 아쉬웠던 점, 느꼈던 점을 이야기 나눈다.
- 명상하면서 느꼈던 몸과 마음의 변화를 서로 나눈다.
- 생활에서 그동안 수련한 명상을 언제 해보고 싶은지 서로 이야기 나눈다.

〈활동 후기〉

마지막 회기는 그동안 명상 활동을 통하여 느꼈던 몸과 마음의 변화를 서로 이야기하는 시간을 가졌다. 모두 원으로 둘러앉아 '토킹피스'를 가지고 있는 사람은 이야기하고 다른 친구들은 경청하는 활동으로 마무리하였다. 또한 그동안 배운 명상을 일상생활 속에서 실천할 다짐도 써 보았다. '생활하면서 어떤 때 명상하겠는가?'라는 질문에는 다양한 의견

들이 나왔다. 명상을 아동들이 제대로 알게 된 계기가 되었다는 생각이 들었다. 제시된 다섯 개를 쓰는 항목 외에 명상할 수 있는 다양한 상황을 찾아서 쓰는 모습을 보였다.

마무리 활동으로 '사랑해 명상'을 하면서 친구에게 사랑을 전하고, 명상이 끝난 후 서로 안아 주면서 훈훈하게 프로그램을 마무리하였다. 많은 아동이 "편안했다.", "차분해졌다.", "마음이 안정되었다.", "머리가 맑아졌다." 등의 소감을 말하였다. 명상 중 누워서 한 '몸 살피기 명상'이 제일 반응이 좋았다. 집에서 잘 때 해 보겠다고 말하는 아이들이 많았다. 낙서 명상도 스트레스를 풀 수 있어서 좋은 활동이었다고 말했다. 아이들이 일상생활 속에서 '스트레스를 많이 받고 있구나!' 하고 생각되었다. 좋아하는 명상 질문에서는 '음악 명상', '숲 명상', '사랑해 명상', '자신감 명상' 모두 도움이 되었다고 답했다. 명상하면서 경험한 느낌을 다양하게 시로 표현한 학생들의 소감이 솔직하고 순수했다. 학생들의 소감과 시를 보면 아이들이 명상을 알아가고 있다는 것을 알 수 있다. 아이들과 명상하면서 보람을 느끼는 시간이었다.

'시원하고 재미있었다.'라고 마음이 이야기했다. 역시 명상은 재밌고 좋다. 이제 나도 공부하기 전에 명상음악을 찾아서 듣고 한다. 참 좋은 명상이 있어서 좋다.

누워서 명상한 것이 가장 흥미로웠다. 왜냐하면 누워서 명상하니 졸음이 오고, 누워서 명상하고 일어나니 뭔가 한숨 자고 일어난 것 같은 느낌이었기 때문이다.

공부에 집중이 잘된다. 그리고 음식 명상, 걷기 명상, 등 정말 그 하나하나 명상이 나에게 많은 도움을 준 것 같아서 하루에 한 번씩 꼭 명상해 보아야겠다.

'소중한 나'가 가장 흥미로웠다. 왜냐하면 내가 그렇게 소중한 줄 몰랐는데 이 프로그램으로 내가 얼마나 소중한지 알 수 있었고, 내가 아닌 다른 친구들도 소중하다는 것을 알았기 때문이다.

마치는 글

23년간 아이들과 함께 명상하면서 배운 것도 느낀 것도 많았다. 늦깎이 선생님이 되어 아이들을 만난 시간은 내겐 최고의 행운이고 축복이었다. 아이들과 함께 명상하면서 혜택을 제일 많이 받은 사람은 역시 '나'라고 생각한다. 명상하면서 갑자기 명예가 높아진 것도, 그렇다고 재산이 많아진 것도 없는데 일상이 행복해졌기 때문이다. 환경은 변한 것이 없는데 마음은 행복해졌다. 생각해 보니 행복은 명상하면서 잃어버렸던 나를 찾았기 때문에 나도 모르게 스며든 마음이었다. 항상 남을 향해 있던 관심을 나에게 돌리면서 보이지 않던 나를 찾았기 때문이다.

길을 가다가도 행복해서 '내가 이렇게 행복해도 되나?'라고 생각할 때가 많다. 하늘에 떠다니는 구름도, 산허리에 핀 보라색 구절초도, 스치는 바람도 그렇게 아름다울 수가 없다. 눈을 들어 보면 보이는 모든 세상이 다 행복하게 보인다. 어찌 행복하지 않을 수 있을 것인가? 이렇게 행복해지는 명상을 많은 사람과 공유하고 싶어서 책을 쓰게 되었다.

행복하지 않은 아이들을 보면서 부모에게 할 말이 많았다. 또한 학부모 민원에 전전긍긍하는 선생님에게도 전해줄 말이 많았다. 두 권의 책을 쓰면서 어느 정도 마음에 있던 이야기를 풀어 놓은 심정이다. 23년간의 경험을 책에 담으면서 아이들과 학부모, 선생님 모두 행복했으면 좋겠다는 마음이 계속 들었다. 우리가 살아가는 데 그냥 되는 일은 없다. 행복해지는 데도 최소한의 노력은 필요하다. 그 최소한의 노력이 명상이라 생각한다. 명상은 우리가 생각하는 것만큼 어렵지 않다. 바쁜 사람들이 언제 가부좌를 하고 앉아서 명상할 것인가? 현대의 명상은 움직이면서 하는 활동성 명상이 대세다. 명상은 마트에 걸어가면서, 음식을 먹으면서, 지하철을 타고 가면서 어디에서든지 할 수 있다. 알고 보면 우리의 일상이 모두 명상으로 이어져 있다는 데 놀랄 것이다. 알아차리고 비우고 내려놓으면 몸도 마음도 가벼워진다.

흙탕물은 가만히 놔두면 흙이 가라앉아서 맑은 물이 된다. 사람의 마음도 마찬가지이다. 뒤죽박죽 혼란스러운 마음으로는 자신이 보이지 않는다. 잠시 멈추고 알아차리고 여유를 가질 때 본연의 맑은 나와 만날 수 있다. 선생님은 아이들과 함께하는 바쁜 일상에서 자신을 돌보는 시간을 꼭 갖기를 바란다. 오로지 자신만을 위한 차 한 잔을 마시는 시간, 화단을 걷는 시간, 잠시 눈을 감고 명상하는 시간 등, 짧은 시간이라도 삶에 힘을 줄 것이다. 생활 속에서 할 수 있는 명상은 의외로 많다.

아이들과의 명상은 놀이로 다가가면 더 효과적이다. 아이들은 신나게 놀 때 집중한다. 아이들은 신나게 놀고 명상으로 마무리하면 몰라보게 차분해진다. 잘 놀 줄 아는 아이가 공부도 잘하고 친구 관계도 좋다. 놀이 속에 창의성도 배려하는 마음도 모두 들어있다. 선생님은 아이들과 놀 때 신나게 놀고 명상으로 행복하게 수업하길 바란다.

내가 명상 책을 쓰게 된 것은 그동안 나와 함께 명상한 아이들 덕분이다. 지금도 생각하면 순수했던 아이들의 얼굴이 떠오른다. 아이들에게 함께 해 줘서 고맙다고 이야기하고 싶다. 아이들의 앞날이 행복으로 펼쳐졌으면 좋겠다.

바람에 어깨를 부딪치며 모여 사는 꽃들은 아름답다. 우리가 사는 모습도 이와 다르지 않다고 생각한다. 명상은 함께할 때 더 빛난다. 같은 공간에서 느끼는 행복은 힘이 세다. 또한 행복 바이러스는 전염성도 강하다. 교실에서 선생님과 아이들이 함께 하는 명상 시간이 행복으로 이어지길 바란다. 내가 쓴 『명상, 수업에 날개를 달다』가 선생님과 아이들이 행복해지는 데 도움이 되리라 생각한다. 행복해지는 데 길잡이가 될 수 있으리라 생각한다. 학급경영, 명상이 답이다! 아이들과 함께 명상하라!

2023년 12월 들꽃향기 신계숙

부록

명상 실습 워크북 활동지 모음

〈명상 프로그램 워크북 활동지 순서〉

구 분	회기	학습과정안
도입	1	· 명상 프로그램 서약서
	2	· '명상의 방!' 활동지
전개	3	· '소중한 나!' 활동지
	4	· '낙서한 날!' 활동지
	5	· '하나 될 수 있을까?' 활동지
	6	· '자신감을 가져 봐요!' 활동지 · '나의 장점은?' – 장점 찾기 활동지
	7	· '감정은 어떤 모습일까?' 활동지 · '감정을 알아보아요!' – 감정 찾기 활동지
	8	· '걸으면서 느껴봐요!' 활동지
	9	· '자신감을 가져요!' 활동지
	10	· '내 몸을 여행해요!' 활동지
	11	· '몸으로 놀자!' 활동지
	12	· '행복을 찾아서~' 활동지
	13	· '건포도는 어디서 왔을까?' 활동지
마무리	14	· '명상 실천 다짐' 활동지

〈1회기 활동지〉

〈명상 프로그램 서약서〉

약속해요!

나 (   )는 명상 집단프로그램에 참여하여 명상에 관심을 갖고 명상 프로그램이 끝날 때까지 적극적인 마음으로 참여할 것을 서약합니다.

1. 지금, 현재의 경험을 소중하게 여기겠습니다.
2. 친구들의 이야기를 소중한 마음으로 경청하겠습니다.
3. 명상 프로그램을 긍정적인 마음으로 참여하겠습니다.
4. 프로그램 중에 알게 된 친구의 이야기는 밖으로 옮기지 않겠습니다.
5. 명상 프로그램이 끝날 때까지 한결같은 마음으로 참여하겠습니다.

년 월 일

이름 (   ) (서명)

명상 수련 자세

1. 너무 잘하려고 애쓰지 않는다.
2. 다른 친구들을 신경 쓰지 않고 나에게 집중한다.
3. 명상을 판단하지 않고 편안한 마음으로 받아들인다.
4. 경쟁하듯이 하지 않고 나에게 편안한 마음으로 집중한다.

〈2회기 활동지〉

〈'명상의 방!' 활동지〉

명상의 방 !
♣ 이 세상에서 제일 편한 나만의 '명상의 방'을 그려보세요.
♣ '명상의 방'을 그려보고 그곳에 들어가서 명상을 해 본 느낌을 적어보세요.

〈3회기 활동지〉

〈'소중한 나!' 활동지〉

<table>
<tr><th colspan="4">소중한 나!</th></tr>
<tr><td colspan="4">♣ 내가 멋지고 소중한 이유 6가지!</td></tr>
<tr><td>1</td><td></td><td>4</td><td></td></tr>
<tr><td>2</td><td></td><td>5</td><td></td></tr>
<tr><td>3</td><td></td><td>6</td><td></td></tr>
<tr><td colspan="4">♣ [멋진 나에게 쓰는 편지]</td></tr>
<tr><td colspan="4"></td></tr>
<tr><td colspan="4"></td></tr>
<tr><td colspan="4"></td></tr>
<tr><td colspan="4"></td></tr>
<tr><td colspan="4"></td></tr>
<tr><td colspan="4"></td></tr>
<tr><td colspan="4">♣ 오늘 활동을 통하여 느낀 점을 써 보세요.</td></tr>
<tr><td colspan="4"></td></tr>
</table>

〈4회기 활동지〉

〈'낙서한 날!' 활동지〉

낙서 한 날!
♣ 오늘 낙서한 후 '사랑해 명상'을 해 보았어요. 지금 마음은 어떤가요? 내 마음을 관찰하고 써 보세요. 그림으로도 나타내 보세요.

〈5회기 활동지〉

〈'하나 될 수 있을까?' 활동지〉

하나 될 수 있을까?
♣ 원 반쪽을 그린 후 돌아다니며 내 원과 하나 되는 친구의 원을 찾아봅니다. 활동을 통하여 느낀 점을 써 보아요.

역지사지 !
♣ 같은 상황을 나와 친구의 입장에서 바라보았어요. 활동을 통하여 느낀 점을 써 보아요.

〈'자신감을 가져봐요!' 활동지〉

<table>
<tr><th colspan="4">자신감을 가져 봐요!</th></tr>
<tr><td colspan="2">♣ 도전하려고 할 때 자신을 가로막는 생각 3가지를 적어보세요.</td><td colspan="2">♣ 자신감을 키우면 좋은 점 3가지를 적어보세요.</td></tr>
<tr><td colspan="2">①</td><td colspan="2">①</td></tr>
<tr><td colspan="2">②</td><td colspan="2">②</td></tr>
<tr><td colspan="2">③</td><td colspan="2">③</td></tr>
<tr><td colspan="4">♣ 장점 찾기 활동지를 보고 자신의 장점을 되도록 많이 찾아서 써보세요.</td></tr>
<tr><td>①</td><td>①</td><td>①</td><td>①</td></tr>
<tr><td>①</td><td>①</td><td>①</td><td>①</td></tr>
<tr><td>①</td><td>①</td><td>①</td><td>①</td></tr>
<tr><td>①</td><td>①</td><td>①</td><td>①</td></tr>
<tr><td>①</td><td>①</td><td>①</td><td>①</td></tr>
<tr><td colspan="4">♣ 나를 위한 규칙 정하기</td></tr>
<tr><td colspan="4">1. 자신을 못났다고 생각하지 않는다.
2. "나는 못 할 거야."라는 말은 하지 않는다.
3. 항상 긍정적으로 생각한다.
4. (   )</td></tr>
<tr><td colspan="4">♣ 다음과 같이 확신에 찬 서술어로 끝나는 문장을 만들고 말해 보세요.</td></tr>
<tr><td colspan="4">"나는 (   ) 이다." / "나는 (   ) 한다."
"나는 (   )을/를 선택했다." / "나는 (   ) 하기를 원한다."
"나는 무엇이든 할 수 있어!"</td></tr>
</table>

♣ 오늘 활동을 통하여 느낀 점을 글로 적어보세요.

〈장점 찾기 활동지〉

나의 장점은?

장점이란 어떤 일을 특별하게 잘 해내는 것이 아니라, 작은 일이라도 자신이 자신감 있게 할 수 있는 것을 말합니다. 나를 찬찬히 들여다보면 장점은 얼마든지 찾아낼 수 있습니다. 긍정적인 마음으로 나의 장점을 찾아 ○ 해 보세요.

번호	장 점 내 용	번호	학습과정안
1	마음이 따뜻하다.	2	참을성이 많다.
3	마음이 넓다.	4	끈기가 있다.
5	눈치가 빠르다.	6	누구에게나 친절하다.
7	친구를 잘 배려한다.	8	남의 기분을 좋게 한다.
9	남을 잘 도와준다.	10	뭐든지 열심히 한다.
11	이야기를 잘 들어준다.	12	말을 재미있게 잘한다.
13	긍정적이다.	14	책임감이 강하다.
15	성실하다.	16	부지런하다.
17	유머가 풍부하다.	18	꼼꼼하다.
19	조용하다. 침착하다.	20	인사를 잘한다.
21	물건을 잘 아껴 쓴다.	22	성격이 차분하다.
23	성격이 활발하다.	24	화를 잘 내지 않는다.
25	솔직한 성격이다.	26	거짓말을 잘 하지 않는다.

27	정직하다.	28	적극적이다.
29	공감을 잘한다.	30	잘 참고 기다린다.
31	더위를 잘 참는다.	32	추위를 잘 참는다.
33	물건을 잘 찾는다.	34	밝고 명랑하다.
35	옷차림이 단정하다.	36	용기 있다.
37	겁이 없다.	38	적응을 잘한다.
39	승부욕이 강하다.	40	도전 정신이 강하다.
41	어려운 일에 앞장선다.	42	마음씨가 예쁘다.
43	내 것을 잘 나누어준다.	44	혼자서도 잘한다.
45	시력이 좋다.	46	냄새를 잘 맡는다.
47	맛을 잘 구분한다.	48	소리를 잘 듣는다.
49	건강하다.	50	이름을 잘 외운다.
51	숫자를 잘 외운다.	52	기억력이 좋다.
53	잘 웃는다.	54	계획을 잘 세운다.
55	실천을 잘한다.	56	실천을 잘한다.
57	시간을 잘 지킨다.	58	지각하지 않는다.
59	결석하지 않는다.	60	호기심이 많다.
61	상상력이 뛰어나다.	62	창의적이다.
63	노력을 많이 한다.	64	자기 잘못을 인정한다.
65	규칙을 잘 지킨다.	66	욕을 하지 않는다.
67	주사를 잘 맞는다.	68	주사를 잘 맞는다.
69	어른 말씀을 잘 듣는다.	70	친구가 많다.
71	정리를 잘한다.	72	고운 말을 쓴다.
73	자신감이 많다.	74	아이디어를 잘 낸다.
75	맡은 일을 잘한다.	76	잘 씻는다.

77	심부름을 잘한다.	78	편식하지 않는다.
79	위로를 잘한다.	80	남을 잘 웃긴다.
81	칭찬하는 말을 잘한다.	82	감정표현을 잘한다.
83	패션 감각이 좋다.	84	집안일을 잘 돕는다.
85	동생을 잘 돌본다.	86	힘든 일을 잘 이겨낸다.
87	글을 잘 쓴다.	88	글을 잘 쓴다.
89	만화를 잘 그린다.	90	청소를 잘한다.
91	글씨 잘 쓴다.	92	책을 많이 읽는다.
93	손재주가 좋다.	94	뜨개질을 잘한다.
95	종이접기를 잘한다.	96	타자를 잘 친다.
97	동물을 잘 기른다.	98	동물과 잘 소통한다.
99	식물 가꾸기를 좋아한다.	100	자전거를 잘 탄다.
101	배드민턴을 잘 친다.	102	운동 감각이 발달했다.
103	피구를 잘한다.	104	축구를 잘한다.
105	달리기를 잘한다.	106	줄넘기를 잘한다.
107	흉내를 잘 낸다.	108	연기를 잘한다.
109	노래를 잘 부른다.	110	리코더를 잘 분다.
111	힘이 세다.	112	발표를 잘한다.
113	신나게 잘 논다.	114	몸이 튼튼하다.
115	공부를 열심히 한다.	116	집중을 잘한다.
117	만들기를 잘한다.	118	조립을 잘한다.
119	컴퓨터를 잘한다.	120	관찰을 잘한다.

〈7회기 활동지〉

〈'감정은 어떤 모습일까?' 활동지〉

감정은 어떤 모습일까?	
♣ 요즘 자주 느끼는 내 감정 3가지를 찾아보세요. 나의 감정의 색은 어떤 빛깔일까? 색으로 나타내 보고 이름도 붙여보세요.	
감정의 이름 (　　　　　　)	
이유는? (　　　　　　　　　)	
감정의 이름 (　　　　　　)	
이유는? (　　　　　　　　　)	
감정의 이름 (　　　　　　)	
이유는? (　　　　　　　　　)	

- 너는 남의 물건을 허락도 없이 왜 가져가는 거야? →

(예) (나는)

- 너는 네가 할 일을 왜 나에게 시키는 거야 기분 나쁘게? →

(예) (나는)

- 너는 나에게 왜 욕을 하는 거야? →

(예) (나는)

- 오늘 활동을 통해 느낀 점을 표현해 보세요.

〈감정 찾기 활동지〉

번호	감 정	번호	감 정
1	반갑다.	2	고맙다.
3	여유롭다.	4	홀가분하다.
5	편안하다.	6	기운이 난다.
7	가슴 뭉클하다.	8	감동받다.
9	궁금하다.	10	안심된다.
11	평온하다.	12	기쁘다.
13	재미있다.	14	기대된다.
15	뿌듯하다.	16	행복하다.
17	그립다.	18	따뜻하다.
19	용기 난다.	20	졸리다.
21	지친다.	22	피곤하다.
23	신경 쓰인다.	24	아쉽다.
25	안타깝다.	26	실망하다.
27	괴롭다.	28	불안하다.
29	불편하다.	30	화난다.
31	혼란스럽다.	32	걱정된다.
33	긴장하다.	34	두렵다.
35	무섭다.	36	겁난다.
37	좌절된다.	38	외롭다.
39	쓸쓸하다.	40	우울하다.
41	슬프다.	42	속상하다.
43	서운하다.	44	민망하다.

45	당황스럽다.	46	막막하다.
47	답답하다.	48	짜증 난다.
49	놀라다.	50	지친다.
51	지루하다.	52	심심하다.
53	억울하다.	54	귀찮다.

(출처: nvc 느낌욕구 카드)

〈8회기 활동지〉

〈'걸으면서 느껴봐요!' 활동지〉

걸으면서 느껴봐요!
♣ 오늘 10분 동안 침묵하며 걸으면서 발의 감각, 하늘, 스치는 바람, 보이는 꽃의 모습은 어떠했나요? 내가 보고 느낀 것을 표현해 보세요.
♣ 나만의 꽃에 이름을 붙이고 대화해 보세요!

〈9회기 활동지〉

〈'자신감을 가져요!' 활동지〉

걸으면서 느껴봐요!
♣ 〈승가원의 태호〉 동영상을 시청하고 느낀 점과 태호에게 해주고 싶은 말을 써 보세요.
♣ 그동안 망설이고 있었던 일, 도전하고 싶었던 일을 쓰고 다짐하는 말을 써 보세요.

〈10회기 활동지〉

〈'내 몸을 여행해요!' 활동지〉

내 몸을 여행해요!
♣ 몸 구석구석을 여행하고 난 후의 느낌을 몸의 부분별로 표현해 보세요.

♣ 오늘 활동을 통해 느낀 점을 써 보세요.

〈11회기 활동지〉

〈'몸으로 놀자!' 활동지〉

몸으로 놀자!
♣ 몸을 자유롭게 움직여 보았어요. 바람과 구름과 꽃을 표현할 때 어떤 느낌이 들던가요? 활동하면서 몸으로 마음으로 느꼈던 감정을 그림으로 표현해 보아요.
♣ 오늘 활동을 통하여 느낀 점을 글로 써 보아요.

〈12회기 활동지〉

〈'행복을 찾아서~' 활동지〉

행복을 찾아서~	
♣ 행복했던 때를 적고 이유도 적어보세요.	
♣ 행복했던 때나 행복했던 장소를 그려보세요.	
♣ 오늘 활동을 통해 느낀 점을 써 보세요.	

〈13회기 활동지〉

〈'건포도는 어디서 왔을까?' 활동지〉

건포도는 어디서 왔을까?	
♣ 건포도를 처음 보는 마음으로 오감을 활용하여 관찰하고 느낌을 써 보세요.	
건포도를 처음 보는 것처럼 낯선 마음으로 바라보세요.	
건포도를 손으로 만지면 어떤 느낌이 드나요? (촉감)	
건포도를 눈으로 관찰하면 어떤 모습이 보이나요? (시각)	
건포도를 귀에 대고 손가락으로 문지르며 소리를 들어보세요. 무슨 소리가 들리나요? (청각)	
건포도 냄새를 맡으면 어떤 냄새가 나나요? (후각)	
건포도를 씹으면 어떤 맛이 느껴지나요? (미각)	
건포도가 목으로 넘어가는 느낌은 어떤가요?	
♣ 앞에 놓인 건포도가 어디를 거치고 거쳐서 내 손에 왔는지 눈을 뜨고 건포도가 오기까지 과정을 '생각의 그물'로 그려보세요.	
건포도	
♣ 오늘 활동을 통해 느낀 점을 써 보세요.	
♣ 나 ( ) 앞으로 음식을 먹을 때 ( ) 먹겠습니다!	

〈14회기 활동지〉

〈'명상 실천 다짐' 활동지〉

명상 프로그램을 끝내고 나의 다짐

나 (　　　　)는 명상 집단프로그램을 끝내고 앞으로의 생활에서 명상에서 배운 내용을 다음과 같이 실천하도록 다짐합니다.

1. ______________________________
2. ______________________________
3. ______________________________
4. ______________________________
5. ______________________________

년　　　월　　　일

이름 (　　　　　　　　) (서명)